思想的・睿智的・獨見的

經典名著文庫

學術評議

丘為君　吳惠林　宋鎮照　林玉体　邱燮友
洪漢鼎　孫效智　秦夢群　高明士　高宣揚
張光宇　張炳陽　陳秀蓉　陳思賢　陳清秀
陳鼓應　曾永義　黃光國　黃光雄　黃昆輝
黃政傑　楊維哲　葉海煙　葉國良　廖達琪
劉滄龍　黎建球　盧美貴　薛化元　謝宗林
簡成熙　顏厥安（以姓氏筆畫排序）

策劃　楊榮川

五南圖書出版公司 印行

經典名著文庫

學術評議者簡介（依姓氏筆畫排序）

經典名著文庫102

健全的思想

Le bon-sens;

ou, Idées naturelles opposées aux idées surnaturelles

霍爾巴赫 著
(Paul-Henri Thiry, baron d'Holbach)
王蔭庭 譯

經典永恆・名著常在

五十週年的獻禮・「經典名著文庫」出版緣起

總策劃 楊榮川

五南，五十年了。半個世紀，人生旅程的一大半，我們走過來了。不敢說有多大成就，至少沒有凋零。

五南忝爲學術出版的一員，在大專教材、學術專著、知識讀本出版已逾壹萬參仟種之後，面對著當今圖書界媚俗的追逐、淺碟化的內容以及碎片化的資訊圖景當中，我們思索著：邁向百年的未來歷程裡，我們能爲知識界、文化學術界做些什麼？在速食文化的生態下，有什麼值得讓人雋永品味的？

歷代經典・當今名著，經過時間的洗禮，千錘百鍊，流傳至今，光芒耀人；不僅使我們能領悟前人的智慧，同時也增深加廣我們思考的深度與視野。十九世紀唯意志論開創者叔本華，在其〈論閱讀和書籍〉文中指出：「對任何時代所謂的暢銷書要持謹愼的態度。」他覺得讀書應該精挑細選，把時間用來閱讀那些「古今中外的偉大人物的著作」，閱讀那些「站在人類之巔的著作及享受不朽聲譽的人們的作品」。閱讀就要「讀原著」，是他的體悟。他甚至認爲，閱讀經典原著，勝過於親炙教誨。他說：

「一個人的著作是這個人的思想菁華。所以，儘管一個人具有偉大的思想能力，但閱讀這個人的著作總會比與這個人的交往獲得更多的內容。就最重要的方面而言，閱讀這些著作的確可以取代，甚至遠遠超過與這個人的近身交往。」

爲什麼？原因正在於這些著作正是他思想的完整呈現，是他所有的思考、研究和學習的結果；而與這個人的交往卻是片斷的、支離的、隨機的。何況，想與之交談，如今時空，只能徒呼負負，空留神往而已。

三十歲就當芝加哥大學校長、四十六歲榮任名譽校長的赫欽斯（Robert M. Hutchins, 1899-1977），是力倡人文教育的大師。「教育要教眞理」，是其名言，強調「經典就是人文教育最佳的方式」。他認爲：

「西方學術思想傳遞下來的永恆學識，即那些不因時代變遷而有所減損其價值的古代經典及現代名著，乃是眞正的文化菁華所在。」

這些經典在一定程度上代表西方文明發展的軌跡，故而他爲大學擬訂了從柏拉圖的《理想國》，以至愛因斯坦的《相對論》，構成著名的「大學百本經典名著課程」。成爲大學通識教育課程的典範。

歷代經典．當今名著，超越了時空，價值永恆。五南跟業界一樣，過去已偶有引進，但都未系統化的完整舖陳。我們決心投入巨資，有計畫的系統梳選，成立「經典名著文庫」，希望收入古今中外思想性的、充滿睿智與獨見的經典、名著，包括：

- 歷經千百年的時間洗禮，依然耀明的著作。遠溯二千三百年前，亞里斯多德的《尼各馬科倫理學》、柏拉圖的《理想國》，還有奧古斯丁的《懺悔錄》。
- 聲震寰宇、澤流遐裔的著作。西方哲學不用說，東方哲學中，我國的孔孟、老莊哲學，古印度毗耶娑（Vyāsa）的《薄伽梵歌》、日本鈴木大拙的《禪與心理分析》，都不缺漏。
- 成就一家之言，獨領風騷之名著。諸如伽森狄（Pierre Gassendi）與笛卡兒論戰的《對笛卡兒沉思錄的詰難》、達爾文（Darwin）的《物種起源》、米塞斯（Mises）的《人的行爲》，以至當今印度獲得諾貝爾經濟學獎阿馬蒂亞．

森（Amartya Sen）的《貧困與饑荒》，及法國當代的哲學家及漢學家余蓮（François Jullien）的《功效論》。

梳選的書目已超過七百種，初期計劃首爲三百種。先從思想性的經典開始，漸次及於專業性的論著。「江山代有才人出，各領風騷數百年」，這是一項理想性的、永續性的巨大出版工程。不在意讀者的眾寡，只考慮它的學術價值，力求完整展現先哲思想的軌跡。雖然不符合商業經營模式的考量，但只要能爲知識界開啓一片智慧之窗，營造一座百花綻放的世界文明公園，任君遨遊、取菁吸蜜、嘉惠學子，於願足矣！

最後，要感謝學界的支持與熱心參與。擔任「學術評議」的專家，義務的提供建言；各書「導讀」的撰寫者，不計代價地導引讀者進入堂奧；而著譯者日以繼夜，伏案疾書，更是辛苦，感謝你們。也期待熱心文化傳承的智者參與耕耘，共同經營這座「世界文明公園」。如能得到廣大讀者的共鳴與滋潤，那麼經典永恆，名著常在。就不是夢想了！

二〇一七年八月一日　於

五南圖書出版公司

導讀

國立中山大學哲學研究所副教授 洪世謙

霍爾巴赫的思想資源：百科全書派與史賓諾莎哲學

霍爾巴赫（Paul-Henri Thiry, baron d'Holbach，一七二三－一七八九）作爲百科全書派（encyclopedia）的代表人物之一，其著作同樣充滿了反封建、反神權的色彩，不論是在他最著名的著作《自然的體系》，還是本書《健全的思想》，都可以充分看到他對於上帝和有組織宗教的批判。以狄德羅（Diderot）爲首的百科全書派（著名成員還包括伏爾泰、盧梭、孟德斯鳩等），他們認爲教會教條化和君王的專橫，限制了人類自由運用理性，因而反對封建特權和天主教會，認爲迷信、成見、愚昧無知是人類的大敵，主張以理性審度和批判一切制度和觀念，藉以破除所有迷信和狂熱，也因此百科全書派在法國啓蒙運動中扮演重要的角色。

由於強調透過理性破除迷信，也因此他們更爲強調科學的思考和唯物主義，以此作爲基礎將其運用於政治經濟、法律等課題。希望透過教育和社會改革，讓人們可以啓用理性，使個人與社會能脫離迷信與愚昧無知。例如：伏爾泰（Voltaire）著名的口號「Ecrasez l'infame!」（戰勝可恥之物），即消滅宗教的狂熱、迷信和虛妄。拒絕接受上帝支配世界並任意地決定人類命運的信仰。霍爾巴赫在這股思潮下，較伏爾泰更澈底否認上帝的存在，並痛斥宗教是教士和政治家的工具，成爲澈底的無神論者。

除了百科全書派，霍爾巴赫的哲學同時受到十七世紀唯物主義哲學的影響，尤其是史賓諾莎（Spinoza）的自然哲學。對自然權利、自然法重新全面檢視，可說是霍爾巴赫最重要的哲學工作，這除了從他最重要的著作《自然的體系》可以窺見外，更可從本書《健全的思想》（*Le Bon Sense/Good Sense*）的副標：「反對超自然概念的自然概念」（Idées naturelles opposées aux idées surnaturelles）證實，本書的英譯本《沒有上帝的健全思想：或反對超自然概念的自由思想》（*Good Sense Without God: Or Freethoughts Opposed To Supernatural Ideas*），更直接地點出了這點。

根據Israel的觀點，他認爲啓蒙可分爲兩個流派，伏爾泰和康德是溫和的改革派代表，而狄德羅、霍爾巴赫和愛爾維修（Helvétius）則是基進的啓蒙代表，①致力於唯物主義和革命的世界觀，在史賓諾莎內在主義哲學的基礎上，霍爾巴赫強調「只有科學、理性

---

① Israel, Jonathan, *Democratic Enlightenment: Philosophy, Revolution, and Human Rights, 1750-1790*, Oxford: Oxford University Press, 2013. 亦可參考Yves Charles Zarka,〈Les deux voies du matérialisme〉, *Matérialistes français du XVIIIe siècle : La Mettrie, Helvétius, d'Holbach*, Presses Universitaires de Franc, PUF, 2006.

和自由才能促進人們的進步和幸福」。②這股思潮承繼西方的自由思想傳統，從伊比鳩魯（Epicurus）和盧克萊修（Lucretius）延伸到史賓諾莎和培爾（Bayle），這說明要理解霍爾巴赫的哲學可從「自然」和「自由」兩個面向著手。儘管對於史賓諾莎是否是無論神者仍有爭議，然而從史賓諾莎的自然觀及對理性的主張，依舊可以看到他對狄德羅或霍爾巴赫的影響。正如狄德羅把百科全書派的法國唯物主義者稱爲「新史賓諾莎主義者」。③

史賓諾莎的哲學是實體、上帝和自然同一的體系，他所謂的上帝，其實是無所不包的自然，不僅是山川萬物的自然，且是整個世界，包括人在內的一切事物。史賓諾莎所定義的自然權利是一種自我持存（conservation）、可完善性（perfectibility）的努力或慾望，史賓諾莎稱此爲「韌力」（conatus）。這種力量是一種權能（puissance），自然權利是一切個別事物自我保存的力量，也因此自然法其實是一種自我保存的權利，無涉道德範疇。他說：「我把自然權利視爲據以產生萬物的自然法則或自然規律，即權能本身。」④

② 霍爾巴赫，王蔭庭譯，《健全的思想》，北京：商務出版社，二〇〇六，頁五。

③ Yves Citton. *L'invention du spinozisme dans la France du XVIIIe siècle. Qu'est-ce que les Lumières radicales?*, Éditions Amsterdam, 2007, pp. 309-324. Israel, Jonathan: *A Revolution of the Mind: Radical Enlightenment and the Intellectual Origins of Modern Democracy, Princeton*: Princeton University Press, 2010, p.40.

④ 史賓諾莎，馮炳昆譯，《政治論》，北京：商務出版社，一九九九，頁十。

史賓諾莎「神即自然」的解釋，說明神沒有優位性和優先性，沒有另外超自然的主宰者。神即自然意味著不論是神或自然都是權能/力量的程度與關係，因此也就沒有神啓、沒有神律、沒有道德，一切都出於自然的絕對性，即自然是自因的、必然的，一切事物都是力量的表現與實現，所有事物依循力量關係而改變，力量關係既是事物的表現又是事物的本質，個別事物既再現無限權能的實體，亦表現爲有限樣態。也是在這觀點上，史賓諾莎認爲自然是各種不同力量關係的事物之間彼此關聯所構成的整體，因此神或自然沒有預定的目的，一切的目的皆是人心中的幻覺。⑤這種觀念否定了人類秩序和行爲具有先在目的，讓史賓諾莎的哲學被視爲唯物主義與無神論的先驅。

這樣的自然觀貫穿到史賓諾莎的倫理學與政治哲學，也讓史賓諾莎強調理性的重要性，並影響十八世紀的法國啓蒙傳統。自然權利僅僅是一種自我保存的努力或欲望，與理性無關。史賓諾莎認爲在自然狀態中，各種激情、慾望都是自然權利，自然權利除了受個體力量大小的影響外，不受其他因素的限制，每個人爲了實現自己的利益、偏好（inclination）和自我保存，都享有最高的自然權利。換言之，自然法不禁止人們做任何事情，只要人們的力量能夠達到。然而受激情所支配的自然狀態，人與人之間可能因有共同的利益，使彼此能藉

⑤ 史賓諾莎，賀麟譯，《倫理學》，北京：商務印書館，一九八三，頁三十九。

由協作而相輔相成，但也可能因為不同的利益而陷入相互抵銷、相互為敵。因此若一味承認受激情和慾望所支配的生活，意味著人處於一種受制的有限狀態，也不利於自然法權的第一要務：自我持存。

史賓諾莎因此認為，只有理性才能幫助我們更好地獲得自己的利益和力量，實現眞正的自我持存、自然權利和自由，他說：「唯有遵循理性的教導而生活，人的自然本性才會必然地永遠相符合」。⑥史賓諾莎進一步認為，人和萬物皆擁有追求自我持存的自然權利，即它適用於所有人，無論是有理性的少數人，還是沒有理性的多數人。從這個意義上來說，單獨個人聽從理性的引導，與他人聯合起來的力量，比他們作為單獨個人的力量更大，也就更有利於自我持存。是以，建立社會契約、政治體不僅符合理性，也有利於人的自然權利或自我持存。

霍爾巴赫的思想特色：無神論、唯物主義與宿命論

根據上述，我們可知霍爾巴赫的哲學思想與自然、唯物主義和理性密切相關。也因此在

⑥同註⑤，頁一九四。

進入本書《健全的思想》之前，我們必須理解霍爾巴赫的《自然的體系》。與史賓諾莎相同，自然作為其思想的形上學基礎，在此基礎之下才發展了對神、理性和政治的看法。關於這一點可從霍爾巴赫三本最重要著作《自然的體系，或論物理世界和精神世界的法則》（一七七〇）、《健全的思想，或和超自然觀念對立的自然觀念》（一七七二）、《自然政治論或治國的正確原則》（一七七三）的出版順序證實。《健全的思想》是在《自然的體系》兩年後，霍爾巴赫所撰寫的二〇六則小論點，相對於《自然的體系》是一部論證與分析都極其縝密的巨作，《健全的思想》可說是在其基礎上，以更簡扼的方式指陳神學與宗教的社會作用，霍爾巴赫批判一切以宗教為基礎的道德，認為宗教是用以壓制思想，蒙蔽人民的智性能力，從而將自由思想視為無用、令人害怕之物。⑦這也同時說明對宗教的批判，僅是赫爾巴赫整個思想體系的一環，而要了解他的思想，至少須從自然、宗教與政治（理性）三個面向理解。

從西方人文精神的發展來看，文藝復興到十七世紀，進步的思想家都致力於將人從上帝的桎梏中解放或說減低人類受上帝等神聖性或神祕權威的制約。然而即便是強調「我思故我在」的笛卡兒（Descartes），依舊無法迴避將運動的最終因歸於上帝。史賓諾莎將上帝

---

⑦ 霍爾巴赫，王蔭庭譯，《健全的思想》，北京：商務出版社，二〇〇六，頁一三〇。

等同於自然，削減了上帝作爲目的因和動力因的色彩，而強調自然或世界整體其實是事物之間的整體關係。史賓諾莎的唯物主義、無神論和理性，是十八世紀法國啓蒙運動的重要資產。霍爾巴赫同意史賓諾莎反對有一個超自然的神的觀點，然而史賓諾莎將神、自然與實體視爲同一，卻仍然保留了神的觀念，神還是與自然並列爲第一因，就此，對霍爾巴赫而言，史賓諾莎並非是一位澈底的唯物主義與無神論者。

於是霍爾巴赫在十七世紀唯物主義與無神論的基礎上，加諸當時自然科學的成果（例如：牛頓的物理學、拉馬克的生物學），以更澈底的唯物主義和無神論，揭露宗教的虛僞性。與史賓諾莎相同，霍爾巴赫亦認爲自然是由不同的物質，以不同的關係及不同的運動強度所產生的整體，自然就是物質世界的整體，是物質事物的總和。這也說明既然自然是一個巨大整體，在它之外什麼也不能存在。霍爾巴赫由此認爲，自然絕不是由任何精神實體創造和推動。所謂存在一個超自然的上帝只是虛構，從事哲學研究應以自然的事物爲出發點，而非超自然事物。

霍爾巴赫的自然觀有兩個重點，其一，自然是物質以不同的運動方式組合成的巨大整體，自然是一系列無限且連續的因果鏈。⑧其二，物質是會自己運動的，因此並不需要預設

⑧ 霍爾巴赫，管士濱譯，《自然的體系》上卷，北京：商務出版社，一九九九，頁十七。

任何高於或先於物質的外力，更不需要將神視爲動力因。⑨物質自身具有運動能力，一切事物既然是根據自己特有的本質而活動，那麼它們的運動就都是必然的，運動就是物質存在的方式。⑩簡言之，物質的因果鏈以及物質自身運動，構成了霍爾巴赫自然體系，自然是一系列物質運動的因果鏈所產生的整體，自然徹頭徹尾都是物質的。⑪然而，什麼是物質呢？霍爾巴赫唯物主義的自然觀，讓我們看見其同時受到笛卡兒和英國洛克經驗論的影響。和笛卡兒一樣，霍爾巴赫指出物質及其運動是宇宙唯一的存在。他說：「宇宙，這個一切存在物的總匯，到處提供給我們的只是物質和運動。」⑫他同樣接受洛克的觀點，認爲物質就是以任何方式刺激我們感官的事物，我們以物質在我們內部所造成的不同印象或變化爲基礎，歸納各種不同物質的特性。即物質是感覺的根據，我們得以感覺來自於物質的運動。運動

---

⑨ 同註⑦，頁二十八。

⑩ 霍爾巴赫：《自然的體系》上卷，北京：商務出版社，一九九九，頁二十六—二十七。有關運動觀可詳見《自然的體系》上卷第二章：論運動與其起源。亦可見霍爾巴赫，王蔭庭譯，《健全的思想》，北京：商務出版社，二〇〇六，頁二十八。

⑪ 同註⑧，頁五十一。

⑫ 同註⑧，頁十六。

讓物質與物質建立關係，也由於感覺，讓我們與物質建立關係。因此，世界的運動是物質的必然，不可能是由精神所推動。據此可知，若我們想了解霍爾巴赫的自然體系，在方法論上必須同時兼具唯物主義（matérialisme）/經驗主義（empirisme），以及物質—運動（matière-mouvement）/可感知—思想（sensibilité-pensée）兩種路徑。這說明霍爾巴赫的思想同時兼容了理性主義和經驗主義的兩股思潮。

霍爾巴赫因此拒絕了先天的觀念，他認爲只要能將自然視爲物質整體，每個物質有不同的特性，並且每個物質之間因運動而有不同的關係組合，就能說明我們所見的事物與現象，並因此主張思想及所有的知識，應建立在對物質的感知，而不應求諸超自然的力量。總之，他提倡世界或自然是物質構成的整體，物質是運動的，包括精神現象也是物質的運動，一方面貫徹唯物主義，一方面否定外在的動力因。

基於這種非目的因的自然觀，霍爾巴赫認爲人們之所以陷入有神論的迷信，其原因在於對物質沒有正確的認識，將物質視爲不能自動而是被動之物，因而無法說明宇宙萬物的運動變化，⑬才需另外設想作爲第一因、目的因、運動因的神。即霍爾巴赫認爲，物質和運動不可分割，運動是物質的本質，因而無需一個推動者。此外，世界上的一切事物都服從因果規

⑬ 同註⑦，頁十九。

律，不需要賦予秩序的設計者，他說：「一切自然現象都遵守確定的規律，這些規律表示已知結果與它們的原因有必然的聯繫。」⑭。據此說明了霍爾巴赫否認有偶然性，以運動的因果關聯性解釋一切自然和精神現象，世界上的一切都是必然的，這樣的觀點也讓霍爾巴赫的思想表現出機械論和宿命論的傾向。

由於霍爾巴赫的唯物主義將世界解釋爲物質運動的整體，並藉此排拒了任何精神性，於是上帝或超自然對他來說，無非就是迷信。他指出宗教及迷信產生於無知和恐懼，其敗壞了理性，使人屈從於沒有理性的神。⑮而統治階級出於統治的需要利用了人們的無知。因此他認爲一切宗教是由於渴求統治地位而產生的，統治者爲了達到自己的目的，最容易的辦法就是恫嚇和愚弄人的理性。⑯他否定上帝的存在，認爲宗教起源於無知和恐懼，同時也是統治者爲奴役人民而加以渲染的結果。⑰他對宗教迷信進行了批判，認爲宗教是人民幸福和人類進步的大敵，構成了專制主義的基礎並阻礙了人類的自由。對他來說，宗教不論從理論、

⑭ 同註⑦，頁三十三—三十五。
⑮ 同註⑦，頁四十二—四十三。
⑯ 同註⑦，頁十六。
⑰ 同註⑦，頁十四。

道德或政治上，充滿了荒謬、欺騙、虛幻、腐敗與封建。因此他拒絕一切宗教和道德意識的幻象，希望透過普及科學知識與教育，啓發人們的理性以推行無神論，澈底消滅宗教。[18]他說：「無知和奴役使人們變得凶惡而不幸。只有科學、理性和自由才能促進人們的進步和幸福。」[19]，又說：「一切正直的和誠實的心靈都傾聽理性的聲音。人們的全部不幸只在於他們的無知，而他們之所以無知，只是因為他們周遭的環境阻礙教育的發展，人們之所以愚蠢，唯一是因為他們的理性還沒有受到足夠的教育。」[20]所以他提出，要發揚人類的理性，以健全的思想抵制人們的偏見才能消滅宗教。他說：「人的理智被不可理解的神學、滑稽可笑的狂想和天眞幼稚的儀式弄得疲憊不堪，讓人的理智回頭來研究自然的事物、易懂的對象、明顯的眞理和有益的知識吧！為了理解道德的眞正基礎，人們既不需要神學，也不需要天啓，又不需要神靈；為此有一種簡單的健全思想就完全夠用了。」[21]於是，在一七七〇年《自然的體系》之後，又在一七七二年發表了本書《健全的思想》，主張以健全的思想和

⑱同註⑦，頁一七九—一八〇。
⑲同註⑦，頁五。
⑳同註⑦，頁七—八。
㉑同註⑦，頁六—七。

自然觀念反對超自然思想，而這樣的主張與思想，實際上在《自然的體系》中皆已清晰可見。

霍爾巴赫的貢獻與限制

我們可以從唯物主義、對宗教和專制的批判以及兼容理性主義與經驗主義三點，說明霍爾巴赫哲學的貢獻。

首先，正如恩格斯（Engels）高度評價了十八世紀的唯物主義，他說：「當時哲學的最高光榮就是它沒有被同時代的自然知識的狹隘狀況引入迷途，從史賓諾莎一直到偉大的法國唯物論者都堅持從世界本身說明世界，而把詳細的證明留給未來的自然科學。」㉒；也說：「法國的唯物主義者沒有把他們的批評侷限於宗教信仰問題；他們把批評擴大到他們所遇到的每一個科學傳統或政治制度；而爲了證明他們的學說可以普遍應用，他們採取了最簡捷的道路：在他們因以得名的巨著《百科全書》中，他們大膽地把這一學說應用於所有的知識對象。這樣，唯物主義就以其兩種形式中的這種或那種形式——公開的唯物主義或自然神

㉒ 恩格斯，《自然辯證法》，人民出版社，一九八四，頁十。

論，成了法國一切有教養的青年的信條。」㉓作爲十八世紀最澈底的唯物主義和無神論者，霍爾巴赫強調自然中無論是整體還是部分都是必然的，一切事物都是因果鏈的必然，從而完全否定了偶然性，並在此論點下堅持無神論的唯物主義。

其次，由於霍爾巴赫的唯物主義和無神論的思想，使其具有鮮明的反專制色彩，批判宗教是封建專制的幫凶，宗教出自於人們的無知與恐懼，因此幻想出一個支配一切事物的精神力量並將其神化，而正是這一點讓宗教與專制相互利用，宗教賦予統治者專制的正當性，也同時讓人民安於專制的統治，也因此要推翻王權需要先破除神權。他說：「宗教對政治是非常有害的，它只會培養出專橫獨斷、腐化墮落的專制君主和百依百順、不敢反抗的奴隸。」㉔他因此強調理性，認爲理性是醫治無知和宗教狂的有效藥，㉕並主張「我們這一生的行爲只能遵循我們所具有的那個理性和自然賦予我們的那些感官的指導」。㉖強調以理性對抗宗教和封建專制，是霍爾巴赫的另一個貢獻。恩格斯說：「我們已經看到爲革命作了

㉓ 恩格斯〈社會主義從空想到科學的發展〉（英文版導言），《馬克思恩格斯全集》，第一版第二十二卷，頁三五二。

㉔ 同註⑦，頁一四〇。

㉕ 同註⑦，頁七十一。

㉖ 同註⑦，頁一二八。

準備的十八世紀的法國哲學家們如何求助於理性，把理性當做一切現存事物的唯一的裁判者。他們要求建立理性的國家、理性的社會，要求無情地剷除一切和永恆理性相矛盾的東西。」㉗再者，霍爾巴赫在重視理性認識的同時，也給感覺經驗一定的地位。他知道雖然感官經驗會欺騙人，但他也認爲只有透過反覆地、自覺地運用經驗，才能修正自己最初的感性知覺。他也藉此批判宗教，認爲宗教既不要我們善用理性，禁止人民思考，也不要我們相信感官，就只需要堅定不移地相信不能明證的事物。㉘霍爾巴赫批判宗教的健全思想，兼容了經驗主義強調感官，理性主義側重理性的兩條路徑。

雖然霍爾巴赫在主張理性以及批判宗教和專制有其貢獻，但也因爲他強調事物都是因果鏈，使其唯物主義表現出機械決定論的侷限性。機械論觀點解釋一切自然現象和精神現象，其宿命論的傾向，忽略了不論精神和物質皆有複雜而難以化約的關係，包括宗教作爲一種精神和社會活動，都有其產生的社會和物質關係，而無法將它單純地二分爲意識活動或知識對象。此外，霍爾巴赫將這種機械決定論貫穿到人的活動領域，認爲作爲自然一部分的人及其活動，與其他物質事物的活動一樣，同樣服從於運動的因果性和必然規律，完全否認偶

㉗ 恩格斯《社會主義從空想到科學的發展》，馬克思恩格斯全集，中文第一版第十九卷，頁二〇八。

㉘ 同註⑦，頁一二七。

然性，使他徹底否定了人的意志自由，[29]人沒有一刻是自由的。[30]我們可以說宿命論、（機械）唯物主義和無神論[31]是霍爾巴赫的哲學特色，而機械決定論及因此否定人的自由意志，是霍爾巴赫哲學的侷限性。雖然霍爾巴赫承繼十七世紀史賓諾莎的自然觀和唯物主義，並影響了十九世紀馬克思、恩格斯的唯物主義。然而與整個十八世紀法國唯物主義者相同，霍爾巴赫的機械唯物主義，卻無法充分顯示人的社會性、歷史性或能動性。正如馬克思在他一八四五年的〈關於費爾巴哈的提綱〉中提到：「從前的一切唯物主義（包括費爾巴哈的唯物主義）的主要缺點是，對對象、現實、感性只從客體或直觀的形式去理解，而不是把它們當作感性的人的活動，當作實踐去理解，不是從主體方面去理解。」[32]我們提過，十八世紀唯物主義主要是將自然主義延伸到人類精神活動的整個範圍，而人的身體就如同其他物質一般，受制於自然的機械因果關係和定律，並沒有獨立於因果關係而運作的自由意志，尤其例如：拉美特里（La Mettrie）以大量的生物學或醫學知識，宣稱「人是機器」（L'homme

---

[29] 同註⑦，頁六十七。

[30] 同註⑦，頁七十二。

[31] *Les matérialistes au XVIIIe siècle*, Ed Jean Claude Bourdin, Payot, 1996, p.14.

[32] 馬克思，〈關於費爾巴哈的提綱〉，《馬克思恩格斯選集》第一卷，人民出版社，一九九五，頁五十四。

Machine/ Man a Machine）。因此對十八世紀機械唯物主義來說，世界、自然、人都是客觀對象，是客觀的科學知識，人是作爲物質的存在，而非具有意識和行動的存在。

馬克思因此認爲，這樣的唯物主義僅是將人視爲「感性對象」，而不是把人視爲「感性活動」。人因此是非歷史、非社會的，亦即這樣的唯物主義，忽略了歷史與社會也是人活動下的產物。與法國唯物主義的相比，馬克思同意人必然受到所處環境的歷史、社會或自然條件所影響，然而也試圖說明人是如何透過改造環境而有別於其他自然物。換言之，面對歷史、社會或自然等條件，人並非全然被動地被決定，人也透過他的行動將其從自身所處的限制解放出來。換言之，人是在既定秩序當中並以改造此秩序而說明了主體自身，他說：「人的本質不是某個人所固有的抽象物，在現實性上，它是一切社會關係的總和。」[33]馬克思以辯證唯物主義、歷史唯物主義補充了法國機械唯物主義和德國唯心主義的不足，讓人成爲實際生活的人，即人透過勞動等社會活動，辯證地既改變了自己的生存現實也同時生產了新的生存環境，人、社會、自然並非彼此分離或對立的關係，而是彼此相互構成，人既非被動的物質存在，亦非僅是意識存在，感官活動與意識是不斷變化的複雜過程，而無法化約爲機械的因果關係。

二〇一九年五月　於西子灣

㉝ 同註㉜，頁五十六。

序

當研究者試圖冷靜釐清人們的各種觀點時，他首先感到驚訝的是，人們以爲最重要的那些觀點，並不符合健全的思想，即不是根據利用最簡單的方法達到對最簡單的眞理的認識，可以駁斥最不能容許的謬論和揭露赤裸裸的矛盾的那種判斷方式建立起來的。這些觀點的一個顯著範例就是神學，這門學問在一切時代和國家中都被絕大多數凡人尊爲最重要的事物；僧侶則認爲這門學問對社會福利來說是最重要、最有益和最急需的。實際上只要稍加思索這種虛構學問的基本原理就必然會承認：這些被認爲是不容置辯的眞理，其基本原理實質上只是一些大膽的猜想和無知的產物；它們憑藉宗教狂熱和別有用心才得以普遍流行；它們由於膽小和輕信才被當作眞理；它們從不使用思想的習慣中得到支援和維護，而它們之所以受到尊敬，唯一能解釋的原因是因爲它們是不可理解的。蒙田①說：「一種人迫使周圍的人

---

① 蒙田．蜜雪兒（Michel de Montaigne，一五三三—一五九二），法國思想家、自由主義者。他的思想武器是反對中世紀經院哲學和宗教的懷疑論。在其名著《隨筆》（一五八〇）中，蒙田實質上宣傳了無神論——他已經逼近於否定上帝是宇宙的創造者和指導者，批判了教會關於靈魂不死的學說、對奇蹟的信仰、宗教不寬容精神等等。《隨筆》對法國無神論思想的發展產生了重大的良好影響，十八世紀法國啓蒙派和無神論者，從梅葉到霍爾巴赫和狄德羅都常常利用它。——俄譯本注

認爲，他們信仰他們實際上並不相信的東西；另一種人（這是絕大多數）則使自己確信那同樣的東西，雖然他們沒有能力理解一般說來信仰是什麼意思。」

簡而言之，誰願意費點氣力用健全的思想來評判宗教觀點，並且用與平常注意眞正使我們發生興趣的對象時那樣多的注意力來考察這些觀點，他就不難相信：所有這些觀點都沒有任何嚴謹的根據；任何宗教都是空中樓閣；神學是提升爲原則的、對自然原因的無知；它只是雜亂混合各種虛幻的幽靈和離奇的矛盾；在一切國家中，神學都把根本不近情理的虛構報告給地球上各個民族的全體人民，這些虛構中的主角被說成具有各種不可理解的屬性；使人心產生恐懼和敬畏感情的這個主角的名字本身原來只是一種空洞的聲音，人們發出這種聲音時並不使它與任何和事實沒有矛盾並且顯然不互相排斥的概念或屬性聯繫起來。

如果這種不能用言詞想像或描寫的存在物，沒有給人們造成如此眾多的災難，認識它就不會有什麼意義了。

人們都認爲這個幽靈是最有意義的實在事物，在這種偏見的影響下，人們不是合理的承認這個幽靈是不可理解的和在這種幽靈身上用心思是沒有絲毫用處和利益的，相反的，是得出結論說：他們對這個幽靈研究得愈多就愈好；必須不斷考慮它、永遠談論它，並且始終把它保存在理智和心靈中。在這方面人是絕對無知的，但是這種無知不僅沒有削弱他們的好奇心，甚至還強烈激起他們的好奇心；這種無知並沒有使人們對自己想像力的這種虛構感到擔憂，而是使人們變成狂熱的和偏執的教條主義者，凡是對神學家頭腦中產生的各種幻想的可靠性表示一點點懷疑的人，都要受到這些教條主義者瘋狂的攻擊。

人在遇到不能解決的問題時，該是多麼的惶惑不安啊！如果人無法理解某種東西同時卻認爲它是自己所迫切需要的，則對這種東西的驚慌不安的想法自然會使人陷入十分惱怒的狀態，並且使人產生各種危險的欲念。只要在這種精神狀態中混進任何一點點自私心理和虛榮觀念，社會安寧立即就會受到破壞。就是因爲這個緣故，許多國家常常變成了最不可思議的動盪舞臺。這是狂妄幻想家的過錯，因爲這些幻想家（不知是衷心的還是僞善的）把自己無聊的臆想冒稱是永恆的眞理，並且用它們來煽動各國君主和人民的欲念，號召他們去保衛教義，好像這些教義對於神靈的榮譽和他們祖國的昌盛都是十分重要的和必不可少的。極端氣憤的宗教狂熱者在世界各地成千次的進行屠殺，互相燒死，毫不動搖而且甚至帶著義務的意識犯下了滔天罪行，使人類血流成河，這是爲著什麼目的呢？目的就是：在人的意識中鞏固和宣傳幾個宗教狂熱者毫無根據的臆想，或者使人們相信幾個招搖撞騙者所幻想出來的存在物（提起這個存在物，人們迄今只會想到在地球上借這個存在物的名義而發生的災難、戰爭和暴行）的明顯謊話。

在遙遠的時代，野蠻、殘酷、永遠互相格鬥的各民族人民，在形形色色的名稱下，崇拜適合於他們的風尚的某些神靈，即崇拜殘酷、兇惡、專制、嗜血的神靈。在一切宗教中我們都遇到同一個上帝，即戰爭的上帝、嫉妒和復仇的掠奪者上帝，這個上帝不斷進行搶劫，所以祂的崇拜者們都認爲必須根據祂的嗜好爲祂服務。人們爲祂送來許多祭品：羔羊、公牛、兒童、成年男子、邪教徒、異端分子、帝王和整個民族。難道熱心替這種野蠻的上帝服役的人們沒有達到這種地步，竟致認爲必須把自己也當作祭品獻給上帝嗎？我們處處都可以看到一些狂妄的人，在痛苦的思考過自己殘忍的上帝以後都認爲，爲了博得上帝的寬大待遇應當危害自己，爲了上帝的榮譽必須虐待自己，並且使自己受到最不可思議的折磨。總之，對神靈的這種不幸的思考，不僅不會使人們在世間這些必不可免的災禍和悲哀中得到安慰，而且還在他們的心靈中散布動亂不安的情緒和造成極其有害的狂妄心理。

在這種條件下，被可怖的幽靈嚇破了膽的，由熱衷於使無知和無知所產生的災禍永遠存在的人們來指導的人類理性，怎麼可能發展和完善呢？人們用一切手段逼迫人在原始的遲鈍狀態中苟且偷安；人們只與祂談論彷彿決定他的命運的種種不可見力量。被這些可怕的東西和不可理解的臆想完全控制的人，經常處在保留著替他思想和支配他生命和命運的僧侶，獨占的支配之下。

由於這一切，人過去始終是，而且現在仍然是沒有經驗的孩子、膽怯的奴隸和無知的人，害怕獨立思考，而且從來沒有能力從神父們當年把他的祖先帶進去的這個迷宮中走出來；人認爲自己註定要在神靈的統治下永遠苦惱不堪，雖然他只是根據世上的神職人員離奇失實的傳說才知道這些神靈的。這些神職人員之所以給他戴上盲目接受各種觀點的鐐銬，這或者是由於他們自己本來就是對他實行獨占統治的人，或者是爲了把他這個無依無靠的人交給極端專橫、其殘酷並不亞於各種神靈的暴君去任意擺佈，要知道暴君就是神靈在地上的代理人。

各民族的人民受到教會權力和世俗權力雙重桎梏的壓迫，既沒有條件關心自己的教育，也沒有條件關心自己的幸福。像宗教一樣，無論政治和道德都成了凡夫俗子高不可攀的殿堂。除了神父們彷彿根據神賜的靈感向人們宣布的那些法規以外，人們沒有其他的道德。人的理性受到各種神學教條的愚弄，放棄了自我認識，懷疑自己的力量，拒絕經驗，害怕眞理，輕視健全的思想並且否認它，而盲目屈從於強力。人變成了暴君和神父手上任人擺弄的工具，這些暴君和神父可以隨心所欲操縱他，同時，由於人變成了奴隸，所以幾乎在一切國家和一切時代中他都獲得了那些惡德和習慣。

世風敗壞的眞正根源就在這裡；宗教永遠只有用毫無實際作用的各種障礙物來抵抗這種敗壞的世風。無知和奴役使人們變得凶惡和不幸。只有科學、理性和自由才能促進人們的改造和幸福。但是，世界上的一切事物都在助長人們的愚昧無知，促使他們堅信謊話和謬誤。神父欺騙他們，暴君使他們墮落，以便更牢靠的奴役他們。暴政過去和將來都永遠是世風淫亂和人民經常遭受災難的眞實根源。人們受到各種宗教觀點或形而上學幽靈的愚弄，不去探求自己痛苦的、自然的和可見的原因，反而硬說自己的惡德是由於人的本性不完善，而自己的不幸則是由於神靈的憤怒。他們向上帝禱告、立誓、供獻祭品，祈求上帝給他們免除災禍，其實他們應該把災禍的原因歸於自己統治者的怠忽職守、無知和腐化，歸於罪惡的行政制度、有害的習俗、錯誤的學說、輕率的法律，而主要則是缺乏教育。如果人從兒童時期起就發展了正確的概念、如果他們的理性得到了必要的教育和指導、如果人們具有正義感，那麼，爲了與人的各種欲念交戰，絕對不需要神靈和對神靈的恐懼。當人們獲得眞正的教育時，自然會變成善良的；當他們受到正確的管理時，如果對自己的同胞造成禍害，則將受到懲罰和蔑視，如果帶來幸福和利益，就會得到獎勵。

試圖克服人們的惡德而不根除偏見，是沒有用處的。只有當人們發現了眞理，才會認識自己的迫切利益和其所以要鼓動人們爲善的眞正原因。各民族人民的精神統治者竭力使人們的視線縈繞在天國已經太久了，使他們朝地上看的時刻終於來到了。人的理智被不可理解的神學、滑稽可笑的狂想和天眞幼稚的儀式弄得疲憊不堪，讓人的理智回頭來研究自然的事物、易懂的對象、明顯的眞理和有益的知識吧！但願統治各民族的虛無縹緲的幽靈煙消雲散，但願合理的思想在似乎永遠註定要成爲謬誤的犧牲品的理智中自動發育生長。爲了消滅，或者哪怕是深深動搖一下宗教偏見，難道向人指明一切不可理解的東西對人並沒有任何價值還不夠嗎？爲了相信一種對之沒有任何明白的表象，如果不立即陷入矛盾就不能對之作任何說明的存在物是純粹的虛構，爲了相信一種不僅說明不了宇宙的各種祕密，而且只會使這些宇宙祕密變得更加無法說明的存在物是純粹的虛構，爲了相信人們在這樣長的世紀的過程中即已徒勞無益的向之祈求得到幸福和避免痛苦的一種存在物是純粹的虛構，爲了相信這個存在物是一種不反映任何實在事物的觀念，除了簡單的健全思想以外，還需要什麼東西嗎？爲了懂得由於誰也不理解的對類似的存在物的看法而互相敵視和折磨至少是多麼不合理和荒謬，一種簡單的健全思想不是足夠了嗎？最後，難道一切不都是毫無例外的向我們證明，道德和美德與這種上帝觀念是不相容的嗎？上帝手下的信徒和解釋者始終把上帝描寫成一個最任性、最不公正、最殘酷的暴君，但是同時，上帝的意志應當成爲一切凡人都必須遵守的法律。

爲了理解道德的眞正基礎，人們既不需要神學，也不需要天啓，更不需要神靈；爲此有一種簡單的健全思想就完全夠用了。只要人們回頭看看自己，思考一下自己固有的本性，權衡自己的實際利益，認清社會和社會成員的目的，他們就容易相信，美德對他們有雙重的利益，而惡德則損害他們的利益。如果我們把人們教育成公正、善良、沉著的、和氣的，那不是因爲神靈需要如此，而是因爲對人而言，最重要和最需要的事情是使同類感到愉快；如果對人們說，應當避免惡德和罪行，那不是因爲這一切會給他們招致來世的懲罰，而是因爲他們將在現今生活的世界上爲此受到懲罰。孟德斯鳩②說：「有一些防止犯罪的辦法，那就是

② 孟德斯鳩·沙爾·路易（Montesquieu，一六八九—一七五五），法國社會學家和政治思想家，名著《論法的精神》（一七四八）的作者。孟德斯鳩從資產階級立場尖銳批判了封建制度，打擊了宗教的社會觀點，發展了社會現象合規律性的進步思想（按照他的觀點，社會現象是受地理環境制約的）。他猛烈攻擊教會，否定一切宗教的價值，並在其《波斯人信札》（一七二一）中捍衛容許不同宗教信仰觀點和逼近於政教分離的思想。——俄譯本注

懲罰；有一些改變風尙的辦法，那就是樹立良好的榜樣。」

眞理是簡單的，謬誤是複雜的，謬誤的道路無限曲折迴旋。自然的聲音任何人都能了解，謊言的聲音則模棱兩可、撲朔迷離和神祕莫測。眞理的道路平坦筆直，謊言的道路昏暗彎曲。每個人都必須記住的這些原理是任何一個思想健全的人都無法懷疑的。一切正直的和誠實的心靈都傾聽理性的聲音。人們的全部不幸只在於他們的無知；而他們之所以無知，只是因爲周圍的環境阻礙著教育的發展；人們之所以愚蠢，唯一的理由是因爲他們的理性還沒有受到足夠的教育。

譯者再序

霍爾巴赫和他的無神論名著《健全的思想》

人類歷史上往往有這樣的現象：在特定國家，有時某一領域群星燦爛，有時卻人才寥落。譬如，戰國時期有互相爭鳴的諸子百家，義大利文藝復興時期出現了拉斐爾（Raphael）、達文西（Leonardo da Vinci）、米開朗基羅（Michelangelo）等許多著名的藝術家，十八世紀法國大革命及拿破崙時代則誕生了一群能征善戰的元帥和將軍。這種傑出人物一窩蜂突然湧現，實在值得歷史學家和對歷史感興趣的讀者關注和深入研究的有趣現象，當然不是偶然、憑空產生的不經意結果，而是存在著爲發展特定才能所必須具備的強大社會需要和各種特定條件的必然產物。同樣，就在這場法國資產階級大革命前夕，也有爲這一革命作充分理論準備的一大批文采煥發史冊的《百科全書》分子和啓蒙派思想家應運而生。他們中間既有被譽爲《百科全書》派靈魂和精神領袖的狄德羅（Denis Diderot），也有本文準備介紹的、也是其核心人物和無神論名著《健全的思想》（*Le bon-sens*）作者的霍爾巴赫（Paul-Henri Thiry, baron d'Holbach）。

＊　＊　＊

霍爾巴赫，一七二三年十二月八日出生於德國普法爾茨地區埃德森姆城一個信仰天主教的富裕的小商人家庭。父親約翰·狄特里希給他取名保爾·亨利希·狄特里希。他七歲喪母，一七三五年同意由舅父法蘭西斯庫·亞當·德·霍爾巴赫照管而移居巴黎。這位舅父十七世紀末參加法國軍隊。一七二三年因軍功封為男爵，並獲得大量財富。這位未來的哲學家少年時期便在巴黎的文化環境中接受教育。他勤奮好學，很快掌握了法語和英語，學會了希臘文和拉丁文，後來還通曉義大利語。他酷愛希臘羅馬古典著作，熟知伊比鳩魯（Epicurus）、盧克萊修（Titus Lucretius Carus）等人的思想。一七四四年依照舅父建議來到荷蘭這個當時歐洲大陸唯一保障公民擁有一定民主權利的、發達的資產階級共和國，入讀享譽全歐的一所高等學府——萊頓大學。

有別於嚴密控制人們思想意識的反動教會干預下禁止對自然現象進行研究的其他歐洲高等院校，萊頓大學十分重視自然科學的教學。早在十八世紀初，它就是歐洲傳播先進科學思想的中心。這時歐洲許多世界知名學者，如法國科學家、昆蟲學家和冶煉工藝家列奧米爾（一六八三—一七五七）；發明萊頓瓶電池的荷蘭數學家和物理學家穆申布魯克（一六九二—一七六一）；瑞士生理學家、一流生物學家和實驗生理學之父哈勒（一七〇八—一七七七）等都在萊大任教。在那裡，霍爾巴赫仔細深入學習化學、物理學、地質學、礦物學等自然科學課程。與此同時，他並沒有放棄自己對哲學的濃厚興趣，繼續從原文閱讀古希臘羅馬著作家的作品，研究十七、十八世紀英國唯物主義者培根（Francis Bacon）、霍布士（Thomas Hobbes）和托蘭德（John Toland），以及牛頓（Sir Isaac Newton）、笛卡兒（René Descartes）等人的著作，還讀過剛剛在荷蘭出版的拉美特利成名之作《靈魂的自然史》（一七四五，海牙）和《人是機器》（一七四七）。在奧地利王位繼承戰爭（一七四〇—一七四八）造成巨大破壞和震盪以及具有先進自由思想的英國同學影響下，他開始關心現實的道德和社會政治問題。所有這些都爲霍爾巴赫後來形成進步的唯物主義和無神論世界觀奠定了堅實的基礎。

四年大學畢業後，霍爾巴赫回到巴黎。在這裡，除了偶爾出去旅遊外；他一直平靜安穩度過了自己往後長達四十年的光輝人生。

一七四八年霍爾巴赫與大表妹熱納維埃芙・蘇珊・戴納成婚。一七四九年取得法國國籍，姓名按法語拼寫爲保爾・昂利・提耶利。一七五三年舅父過世後，他繼承了舅父的大量財產和男爵封號，稱保爾・昂利・德・霍爾巴赫男爵。一七五四年妻子去世。一七五六年與嬌小美麗的小姨子、三表妹夏洛特・蘇珊・戴納結婚。不久又從岳父御林軍旗幟及服裝總監馬里尤斯・戴納那裡接受了一筆相當可觀的遺產。於是他成了當時法國最富有的貴族之一。這爲霍爾巴赫及其同道們開展轟轟烈烈反封建反教會的啓蒙運動提供了極爲有利的物質條件。

回到巴黎後一年左右，在巴黎歌劇院一次演出會上，霍爾巴赫與比他年長十歲、已有聞名、各方面都更加成熟，而且正在籌畫編輯出版《百科全書》的狄德羅相識。從此兩人結下終生不渝的戰鬥友誼。有資料顯示，正是在狄德羅的幫助下，霍爾巴赫很快從一個自然神論者變成堅定的無神論者。為了使自己的唯物主義學說不局限於批判宗教信仰，他們把這種批判擴大到他們所遇到的一切科學領域和政治設施。為此他們著手把這一學說應用於所有知識對象。這樣，編纂一部《百科全書》就成了實現目的的最便捷的手段。霍爾巴赫不僅物質上積極支持這一劃時代的偉大事業，而且總共親自為它撰寫了四百三十八個條目，內容涉及各門自然科學（理論的和實用的）、哲學、社會、政治、宗教、道德等諸多領域，成為這部多達三十五卷的《百科全書》的主要作者之一。

霍爾巴赫是從把西歐先進的自然科學著作翻譯成法文開始其著述生涯的。在一七五二到一七六六年的十四年間共翻譯出版了礦物學、冶金學、化學、物理學、自然史及工藝學方面的專著不下九種，加上《百科全書》上發表的大量關於化學、礦物學、冶金學、自然史等內容新穎的條目，從而引起各國科學界人士的高度重視，相繼被聘為柏林科學院會員、巴黎學士院和俄國科學院成員。

大約到一七六〇年，霍爾巴赫便停止了外國自然科學名著的翻譯，轉而全力從事反專制、反宗教的無神論宣傳。此後的十二年，他一方面在《百科全書》上刊載不少從唯物主義立場揭露宗教之荒謬與反動的條目，翻譯或編輯整理並隨即出版古代和近代的唯物主義和無神論著作，如盧克萊修的《物性論》（一七六八）、托蘭德的《致賽烈娜的信》（一七六八）、弗萊納的《特拉西勃勒給留基伯的信》（一七六王）、梅葉的《遺書》（一七七二）等等。另一方面，他把主要精力用於寫作抨擊基督教的無神論小冊子，先後出版了二十一種之多。其中主要的有：《揭穿了的基督教》（一七六一）、《神聖的傳染》（一七六八）、《致歐仁妮的信》（一七六八）、《袖珍神學》（一七六八，該書由霍爾巴赫及其祕書奈戎和其他幾個人合作編纂而成）、《健全的思想》（一七七二）等。許多小冊子多次遭到當局和教會的查禁和焚毀，甚至連購買它的青年也因此被關進監獄。爲了躲避殘酷迫害，所有這些小冊子，和霍爾巴赫的其他哲學社會學論著一樣，都是以託名或匿名的作者、虛假的年分在荷蘭或英國出版，然後運回國內祕密發行的。比方《自然的體系》就假託已於一七六〇年過世的前法國科學院常務祕書米拉波於一七六九年在倫敦（實際在阿姆斯特丹）出版的，而《健全的思想》則題以「《自然的體系》的作者所作」。

這一本本的小冊子，像一排排重磅炸彈，傾瀉在神的殿堂。其火力之猛烈，摧毀力之強大，在無神論思想史上是前所未有的。就在十八世紀法國啓蒙運動中，這也是十分突出的，甚至是獨一無二的現象。難怪人們稱霍爾巴赫爲「上帝的私仇」。

一七七〇年，被譽爲「唯物主義的聖經」的《自然的體系》出版。它全面系統深刻的總結了十八世紀自然科學、哲學以及社會科學所取得的成就。書中以嚴謹完整確鑿可信的哲學體系的形式彙集了當時唯物主義所獲致的全部原理、論據和結論。它的問世標誌著霍爾巴赫及其組織達到了嶄新的理論高度，奠定了霍爾巴赫在人類思想史上的卓越地位。

此後霍爾巴赫還發表了幾部著作：《健全的思想》、《自然的政治》（一七七三）、《社會的體系》（一七七三）、《道德政治》（一七七六）、《普遍道德學》（一七七六）和作於一七六五年、死後第二年才刊行的遺著《普遍道德原理》。儘管這些著作在宗教、政治、社會、道德領域各自其重要意義，但從《自然的體系》一書角度看，不過是書中所陳述的各種原則的引申和發揮，思想高度上並無新的突破。

對於霍爾巴赫本人及其組織的思想發展說來，他家的沙龍（Salon，即客廳）具有不可小視的作用。封建專制時代，由於缺乏自由的報刊和論壇，沙龍就成了號召資產階級社會先進知識分子，聯絡溝通、協商提高的十分有效的場所。與十七世紀不同，那時參加沙龍聚會的貴族沉迷於世俗娛樂和無聊空談，而十八世紀巴黎的哲學沙龍，特別是霍爾巴赫沙龍（因爲無論按參加成員、急進主義和歷史意義都是無與倫比的），其次是愛爾維修沙龍，在許多場合都是交流資訊、切磋學術、核對總和完善思想的場所。可以毫不猶豫的把霍爾巴赫沙龍稱爲啓蒙派的特種思想實驗室。

在好客的霍爾巴赫男爵家中，經常可以遇到「文壇共和國」幾乎所有著名代表，包括：哲學家狄德羅、愛爾維修、孔狄亞克、奈戎，社會學家盧梭、孟德斯鳩，經濟學家杜爾閣、莫勒萊，社會學兼歷史學家賴納爾，數學家達朗貝爾、拉格朗日，自然研究家魯、布豐、茹艾爾及其弟子盧克斯和達爾賽，工程師布朗熱，評論家格里姆，文學家馬蒙泰爾等等。來到巴黎的各國進步的文化名人和外交使節，大都把霍爾巴赫沙龍視爲巴黎的文化中心，認爲拜訪它是自己的義務和光榮。他們中間有：英國哲學家休謨、普利斯特萊，經濟學家亞當・斯密，作家洛倫斯・斯特恩，莎士比亞劇本名演員大衛・加里克，美國啓蒙思想家、科學家、國務活動家、駐法大使班傑明・富蘭克林，義大利法學兼政論家切・貝卡里亞，拿波里大使加里亞尼等。

男爵每週日、四兩天邀請朋友們來家作客，並舉行晚宴，冬季在巴黎市區羅雅爾・聖羅什街二十五號家中，夏天和深秋以前則在郊區別墅格朗瓦爾城堡家中。下午兩點，沙龍就開始熱鬧起來。一直到晚上七、八點客人才逐漸散去。在這裡，人們可以聽到關於各種問題的最生動、最有教益的談話。比如盧克斯和達爾賽敘述自己的地球學說，或者馬蒙泰爾講解其文學原理；又如賴納爾說明西班牙人如何在菲律賓以及英國人如何在印度進行殖民和貿易活動，或狄德羅談論關於哲學或文藝問題的見解。往往是一個人單獨長篇發言，其他人靜心聆聽。有時參加聚會的菁英們會就哲學宗教、社會政治、文藝道德、自然科學或風俗時尚各方面問題，無拘無束進行討論和爭辯。在一些迫切的現實問題如宗教問題上，爭論尤其激烈。客人中既有堅定的無神論者，也有教會人士、自然神論和不可知論者。沙龍主人始終對宗教問題保持著十分濃厚的興趣。他仔細傾聽各方的發言，自己不時也談些看法，或者友善、巧妙的引導談話。也許男爵正是要透過爭論來充分檢驗自己批判宗教的理論和證據是否確鑿無疑。後來霍爾巴赫就把討論取得的成果寫進自己的著作，傳播四方。在某種意義上可以說，百科全書派，首先是霍爾巴赫及其最親近的朋友們，所經營的「衝擊天國」總司令部就設在聖羅什街和格朗瓦爾城堡。

霍爾巴赫有一家庭圖書館，面積十分大，藏書極爲豐富，還有專門收藏從世界各個角落蒐集來的合法和非法的反宗教書刊的書庫。以供男爵及其戰友們孜孜不倦的寫作、翻譯、編輯和出版他們的著作時，隨時方便查閱所需的資料。

每當霍爾巴赫談到宗教，正如談到專制制度一樣，便激動不已，胸中充滿刻骨銘心的厭惡和仇恨。對於天國的事情，他是鐵杆基進共和派，早在大革命時期法王路易十六被處死之前就把上帝送上了斷頭臺。然而在人間，即對於現實的政治問題，這位謹小慎微的貴族和共和主義是格格不入的。他一心企望的是「在王位的聖賢」。正是這種溫和的政治立場，加上貴族的身分，託名或匿名出版大量反專制、反宗教著作後，嚴格有效的保密措施，以及天性善良、待人謙和、淡泊名利、疏財仗義的性格形成的良好人際關係，使他得以始終安穩的過著舒適、自由生活，而不必像狄德羅那樣因觸怒封建當局和基督教會的言論而鋃鐺入獄，或者像伏爾泰、盧梭那樣爲言論而亡命天涯。

霍爾巴赫博學多聞、著作等身。朋友們和同時代人，如狄德羅、盧梭、達朗貝爾、格里姆、拉格朗日、奈戎、馬蒙泰爾、休謨、普利斯特萊等等在回憶錄或文章中無一例外全都稱讚他有百科全書式的學識、驚人的記憶、罕見的熱愛勞動的精神、獨立判斷的習慣和異常誠實的作風。狄德羅戲謔寫道：「無論我如何想像、虛構一種體系，我相信我的朋友霍爾巴赫都會找出種種事實和權威意見來論證它」。

一七八九年一月二十一日，霍爾巴赫與世長辭，埋葬在狄德羅墓旁。幾個月後，法蘭西全境就颳起了波瀾壯闊的大革命風暴。

* * *

剛才說過，霍爾巴赫六十年代出版的所有無神論小冊子理論上都沒有達到《自然的體系》的思想高度。即是說，和《健全的思想》相比，它們在理論上還不夠成熟。就書中討論的對象而言，它們或者著重從政治經濟角度揭示宗教的罪惡和危害、或者集中批判聖徒們的謬論和惡行、或者專門分析宗教教義、偏見和神蹟的荒誕可恨等等。總之，它們考察的大都只是宗教的某些問題或個別方面。不然就採取嬉笑怒罵、冷嘲熱諷、正話反說、反話正說的辦法，用輕鬆的筆調透過刻畫大大小小有關甚至本來無關宗教的事物和現象狠狠鞭撻教會和僧侶。而《健全的思想》則是從總體上對基督教的理論基礎和反動作用進行嚴謹的批判和理性的揭露。無疑，《自然的體系》是十八世紀法國唯物主義哲學集大成之作。但有一點人們往往未予強調：這部巨著的大部分篇幅都用來分析宗教問題。作者正是在充分闡述自己的唯物主義自然觀和認識論之後，進而詳細考察宗教基本問題的各個方面並得出一系列相應的新結論的。完全有理由把它同時看成卓越的無神論理論巨著。如果說《自然的體系》以受過良好教育的人士爲主要閱讀對象，它的特點是分析深入、論證縝密，頻頻涉及歷史上和當代學界和文壇眾多人物及其著作和思想；那麼《健全的思想》則面向廣大下層人民，主要是信教群眾，其特點是簡明扼要、通俗易懂。儘管在考察的問題範圍和理論深度上，《健全的思想》不及《自然的體系》廣泛深入，它們的研究對象卻是相同的：這就是神學的基本問題和宗教的社會作用。

《健全的思想》按其內容大致可分爲兩部分。第一節到一三八節是第一部分，一三九節以後爲第二部分。前一部分考察神學基本問題，即上帝的存在和屬性、靈魂不死和來世說、人的自由意志，以及天意、神蹟、啓示、信仰等。後一部分則探討宗教的社會作用，包括宗教與道德、政治和政府的關係、教會和僧侶言行的後果等。

在《健全的思想》的開頭，作者指出，神學是一門「只研究人的感官不可知覺的事物」、「其對象無法理解」且「不斷蹂躪著人類的理性」和健全的思想的「學問」（本書第二節，以下引證只註明節數）。它是「無限個如果、但是、據說和也許才逐漸建立起來的」、「支離破碎、沒有確定形式」的、「成系統的胡說八道」（第三節），它「只是一連串明顯的矛盾」（第六十七節）。總之，「可以有充分的權利稱神學爲矛盾的科學。任何宗教都是爲了調和最不可調和的矛盾而虛構出來的一種體系」（第一一〇節）。霍爾巴赫寫道：「任何宗教都建立在上帝的觀念上」（第四節）「上帝的存在是一切宗教的基礎」（第十六節），「任何宗教體系都只能建立在上帝和人的本性以及存在於他們之間的相互關係的基礎上」（第五節）。於是《健全的思想》就著手批判神學關於上帝的種種觀念。不過這一次作者沒有像《自然的體系》中那樣繼續闡述其唯物主義哲學原理進而作出分析批判，而幾乎全部是從這些原理出發，以事實為依據，透過無可辯駁的「健全思想的邏輯」（第五十四節）推理，對宗教和神學關於上帝的存在和屬性或本性（如上帝的全善、萬能、無限仁慈公正智慧強大……）等一百幾十個基本觀點、重要論據，乃至次要的說法逐一揭露其「步步自相矛盾」（第七十七節）。霍爾巴赫之所以這樣做，因為在他看來，「神學家們妄加在上帝身上的一切屬性處處都是互相排斥的；一種屬性的任何表現必然要否定另一種屬性」（第九十節），「既然任何關於上帝的思想都是一團極不相容的矛盾」，最後人們「怎麼不會把這些思想加以拋棄呢？」（第一八五節）因此，用清楚明白通俗易懂的語言把這些矛盾顯現出來乃是最易於為廣大信眾接受從而破除其宗教迷夢的便捷途徑。像這樣洋洋灑灑、充滿激情、一幕接一幕連番演出似的揭露宗教和神學矛盾的著作，在無神論思想史上至少是十分罕見的。這也是本書最顯著的一個特點和優點。今天的中文讀者想要在最短時間集中了解宗教和神學如何「處處」、「步步」自相矛盾，《健全的思想》恐怕是唯一的讀物了。這部分內容乃是本書最大的亮點，迄今仍然具有其理論實踐價值，並沒有隨時光流逝和環境改變而失去意義。當然，在這方面霍爾巴赫也有其先驅。突出的例子便是他曾經參與整理出版且深受其影響的讓．梅葉的《遺書》。然而《遺書》不僅文字「過於冗長、枯燥」（伏爾泰語），從思想的深刻、問題的廣泛和集中來看，也是無法和《健全的思想》相提並論的。

第二部分內容基本上重述了作者以往反復說過的話，包括：任何宗教都產生於對自然力量的無知，產生於對未知的、不可捉摸的強大勢力的恐懼；人類之陷於不幸只是錯誤和偏見造成的，而一切偏見和錯誤中最根深蒂固最爲不祥的就是宗教和神學；它們是人類社會無窮災難的根源；宗教玷辱道德，一切眞正的道德與宗教原則是勢不兩立的；要想在地上建立天國，首先必須把道德從宗教的羈絆下解放出來，恢復肉體和欲念的地位，讓社會對其成員的幸福和不幸負責；宗教對政治也是非常有害的，它培養暴君和順民；宗教是專制制度可靠的保衛者；宗教與暴政的聯盟是造成一切苦難的根本原因，是殘害人類的劊子手，必須予以消滅；主張無神論的君主遠勝過虔信而殘酷的國王；信教的聖徒無益於社會，而崇尚哲學和理性的無神論者則造福於人類，等等。

十七世紀法國天主教大主教、路易十四的顧問波舒哀（Jacques-Bénigne Bossuet，一六二七—一七〇四）深信宗教是和諧幸福社會的基礎，上帝把一切安排得盡善盡美。霍爾巴赫等人則用遍辭典中所有令人憤恨甚至惡毒的字眼鞭笞上帝和教會，竭盡嘲笑諷刺之能事。這是顚覆性的轉變，標誌著一個世紀中歷史觀取得了重大的進步。它在現實政治中產生的實際後果和對社會思想的往後發展，作用都是難以估量的。

霍爾巴赫和他同時代鄰國進步的啓蒙思想家是以迥然不同的態度對待宗教和上帝的。以霍爾巴赫爲代表的一部分法國啓蒙派，簡單、無情的嘲笑一切聖經故事，認爲宗教是愚昧和欺騙的產物。德國的啓蒙運動者，甚至他們中間最先進的思想家則把宗教看成是「對人類的教育」（如萊辛）。而同期英國思想家對待宗教卻是冷淡懷疑（如休謨）或者虔誠恭謹（如霍爾巴赫的好友、上引的唯物主義哲學家、教士普利斯特萊）。從洛克的感覺主義這一共同基礎中引導出法國唯物主義者戰鬥的無神論、休謨的宗教冷漠態度和康德的「實踐的」宗教。這種情況之所以發生，是由於各國不同的歷史條件、社會背景和文化傳統，由於每個國家都具有自己獨特的「智慧和道德風習的狀態」。因爲現實生活中，上帝在英國是立憲君主，它統而不治；在法國它不僅治理，並且是暴君；而德國人的上帝卻是善良的父親，它盡力給自己的孩子們以適應社會生活的良好教育。

霍爾巴赫及其親密戰友狄德羅、愛爾維修等人的無神論的特點是：它無須泛神論的外殼（如史賓諾莎）、不戴自然神論的面具（如孔狄亞克），不以懷疑論爲掩飾（如培爾），也不採取任何含糊不清的形式，它第一次以澈底、公開、毫不妥協、眞正戰鬥的唯物主義者姿態出現在世人面前。

從以上概述的第二部分內容中，不難看出霍爾巴赫是露骨的唯心史觀擁護者。在他看來，宗教、神學，也就是說，教會和僧侶們的信仰、思想、意見決定著社會生活艱難恐怖的面貌，一旦出現睿智的、不信上帝的君主，這一面貌即爲之改觀。霍爾巴赫把自然觀認識論上是唯物主義，歷史觀上是唯心主義集於一身，這種情況，作爲形而上學唯物主義學說的必然結果，在啓蒙派哲學家中雖遠非孤立現象，畢竟是他們理論上一大根本性的缺點。

霍爾巴赫另一大缺點和局限性是：無論他如何竭力揭發宗教和神學的內在矛盾，認爲是符合健全思想的科學思想體系不當有的，他自己的歷史觀就始終擺脫不了惱人的矛盾即著名的「二律背反」：環境決定意見、意見決定環境。

和愛爾維修一樣，霍爾巴赫一方面把人的全部心理視爲感覺的變形、視爲周圍環境對人作用的結果，說人完全依賴於教育，而教育則是社會影響的總和；另一方面又斷言，世界（即人們的社會關係）爲意見所支配。從這個基本矛盾中派生的一系列矛盾，不可避免地也出現在《健全的思想》中。他寫道：人「所獲得的（正確的或錯誤的）信念、表象和意見只是他所受教育的必然結果，而受何種教育則不由他選擇；他的欲念和欲望是性格的必然結果，而人的性格則是由本性和所接受的信念決定的；人一生的欲望和行爲都是由人不能自由選擇的那些交往、習慣、娛樂、言談、思想所預先決定的」（第八十節）。這就是說，一方面，一個人的信念、意見由教育（即環境）決定，而另一方面，教育至少部分的由與自己交往的別人的言談、思想所決定。況且，既然「無神論」這一「需要思考」、「合乎理性的哲學體系不是爲普通人創造的」，「普通人從來不進行思考」，「爲什麼」還要不厭其煩的「宣傳無神論」呢？霍爾巴赫回答說，社會上總還是有些「思想健全和老成持重的人」，他們「力求深造」，於是「知識逐漸在推廣，最後終於要傳到普通人身上去」。（第一九五節）如果由於無神論者的宣傳，「開明君主」、「開明政府」也掌握了這一與宗教對立的哲學，「如果哲學代替了宗教，世界上該會發生何等有益、何等偉大的革命啊！」（第一九一節）現在，「世界（即環境）又由意見（無神論、哲學）決定了！」

霍爾巴赫第三大缺點和局限性是他的形而上學思想方式。這也表現在《健全的思想》中。最突出的例子是他把偶然無原因或尚不知其原因畫上等號；把必然與因果關係畫上等號。說一切現象都是必然的，等於說都是有原因才發生的，都不是無緣無故的。爲了澈底堅持這一心愛的觀點，他在駁斥宗教關於人的自由意志學說時竟然越過眞理的邊界，強詞奪理、不顧事實，硬說「人從生到死，沒有哪一瞬間是自由的」（第八十節）。在他看來，人任何時候都無法自由的思考或不思考，自由的選擇或不選擇等等。他說：「人自己作選擇時同樣也是不自由的；他之選擇他認爲對自己有利或使自己愉快的東西是理所當然的。當他不作選擇時，他還是不自由的；在人不認識或者以爲自己不認識供他選擇的某個對象的屬性以前，或者在人沒有斟酌自己行爲的結果以前，他就不得不放棄選擇。」（第八十節）當人並不清楚某事或某物對自己是否有利或是否會產生快感，同時又必須選擇或者允許選擇時，人們常常也會作出某種選擇；試問這種選擇難道一定不是自由的嗎？人們雖然還不認識某對象的屬性，或者還沒有斟酌好選擇的後果，但他肯定完全可以選擇無害，這時，難道他一定是放棄選擇嗎？難道他選擇某對象不是自由的嗎？顯然霍爾巴赫的推論至少犯了以偏概全的邏輯錯誤。

霍爾巴赫還有一個缺點。他只是單純的譴責宗教，說它是無知和欺騙的荒誕堆積，從來沒有把它當作科學研究的對象、當作人類精神發展的必然辯證過程，沒有提出過宗教藉以表象眞理的那些稀奇古怪的聖經故事和寓言神話究竟是如何產生的問題，也沒有探討過宗教在人類文化發展上曾經起過任何的任何壞的作用和好的作用。

霍爾巴赫的缺點和局限性也許不止這些，但無論它們有多少、有多麼嚴重，他寫的那些批判宗教的小冊子已經永遠進入了人類先進思想的光輝典冊，一直繼續啓迪著探求眞理的後人。

* * *

在無神論宣傳的事業上，恩格斯和列寧始終把霍爾巴赫看作自己強而有力的同盟軍。早在一九七〇年代，恩格斯就要求在工人中廣泛傳播十八世紀卓越的宣傳無神論的法國唯物主義文獻，認爲「這些文獻迄今爲止不僅在形式，而在內容來說都是法蘭西精神的最高成就；如果考慮到當時的科學水準，那麼就是在今天看來，這些內容仍有極高的價值，它們的形式仍然是不可企及的典範」。[①]普列漢諾夫的「勞動解放社」曾計畫與列寧合作，按照恩格斯的指示，翻譯出版發行一批霍爾巴赫等人的無神論小冊子。十月革命後，列寧在《論戰

① 《馬克思恩格斯全集》中文第一版，第十八卷第五八三—五八四頁。

鬥唯物主義的意義》一文中再次重申恩格斯的要求後寫道：「十八世紀老無神論者所寫的那些鋒利的、生動的、有才華的政論，機智公開的打擊了當時盛行的僧侶主義。」②許多學者引證列寧這句千古名言時一致認爲，這裡指的首先是霍爾巴赫的《健全的思想》。確實是有原因的。

② 《列寧全集》中文第一版，第三十三卷第二〇一頁。

目次

第二部分　宗教的社會作用

「……他揭穿，祭司們用多麼瘋狂的陰險手段大膽的洩露他們自己所不理解的祕密。」

——佩特羅尼烏斯諷刺小說《薩蒂利孔》（*The Satyricon*）

第一部分　神學的基本問題

一 寓言故事

有一個由君主控制、幅員遼闊的國家，君主的行爲是他的臣民所不理解的。這位君主希望人們知道他、愛他、尊敬他、服從他，而同時他卻從來不把大家關於他所知道的一切顯示出來、不使人有任何明白的和確切的表象。臣服於他的人民，只有根據內閣大臣灌輸給他們的那些概念才能設想這位不可見的掌權者其性格和法律；這些內閣大臣自己也承認：他們並不了解自己的主上，而他的道路是不可預知的、他的目的和特性也不可理解；不過，這些內閣大臣都自稱是這位統治者的代表，他們之間對於彷彿是來自這位統治者的命令的解釋，從來都沒有過一致的意見。在國內每一地區，他們都按照不同的方式解釋國王的命令。他們經常互相矛盾，並且稱自己的同夥是騙子和歹徒；他們自認爲有責任說明及執行的法律、命令是不清楚的；這是臣民無法理解的和猜不出、然而又是預定供啓發臣民之用的謎語。這位君主的法律需要解釋者；但是擅自扮演這一角色的人們經常互相爭論法律的眞正意義。其次，關於他們這位不可見、神祕的國王所說的話都只是一連串的矛盾，每個命題一經說出，他們自己便立即予以否認。人們稱這位統治者是無限善良的，而同時沒有任何一個人不抱怨祂的法律。人們認爲祂無限英明，而同時祂的全部治績都違反理性和健全的思想。人們頌揚祂公正，與此同時，祂的最正直的臣民卻都是最不幸的人。人們確信祂看見一切，但同時祂的存在對什麼都無用處。據說祂熱愛和平和秩序，與此同時，祂的治理卻是一片混亂和毫無秩序；人們稱祂是萬能的，然而國內所做的一切很少符合祂的預定目的。祂預見一切，確什麼也無法防止。祂不忍受侮辱，與此同時，卻讓每個人都對他抱怨。內閣大臣都讚揚祂的英明和見識、創造物的完善性，與此同時，祂的勞動的產物卻有許多缺點，而且壽命不長。祂經常進行活動，然而卻又立即加以改造、修正祂所做的一切，而且從來不會對自己的工作感到滿意。在自己的一切創舉中，祂都自動提出以自己的光榮作為目的，然而卻無法獲得普遍的承認。祂為臣民的福利而勞作，但絕大多數臣民都缺乏最必需的東西。凡是祂賞識的人通常很少滿意自己的命運；他們不斷抱怨這位掌權者同時卻不停稱讚祂的偉大、經常頌揚祂的英明、讚美祂的仁慈、在祂的審判面前顫抖不安，虔敬聽從祂的命令，可是從不實行。

這個國家是宇宙，這個國王是上帝，祂的內閣大臣是神父，而臣民則是百姓。

二　什麼是神學？

有一門學問，其對象是無法理解的。和所有其他科學根本相反，這門學問只研究人感官不可知覺的事物。霍布斯①稱之爲**黑暗的王國**。在這個領域內，一切服從同人們在其所居住的世界上所能理解的那些規律相反的規律。在這個令人驚訝的王國裡，一切光亮和明白都變成陰暗和模糊，一切顯而易見的都變成靠不住、虛妄不實的；不可能的東西變成可能的；理性的規律原來是不正確的，而健全的思想則變成荒唐的思想。這門學問就叫做**神學**，它不斷蹂躪著人類的理性。

---

① 霍布斯·湯瑪斯（Thomas Hobbes，一五八八—一六七九），英國唯物主義哲學家和政治思想家。他的著作《論公民》（一六四二）、《論物體》（一六五五）和《論人》（一六五八）中包含著一種他賦予完整的、機械論性質的唯物主義體系。在《利維坦》（一六五一）中，霍布斯從自然法理論出發，發展了自己的國家觀，並且是最初的一些「從理性和經驗中，而不是從神學中」（馬克思語）得出這一結論的其中一人。霍布斯認爲宗教是政治統治的手段之一，和「用頭腦對頭腦虛構的或者根據國家允許的臆造而想像出來的不可見力量」的恐懼來解釋宗教。霍爾巴赫透過引證培爾的《歷史批判辭典》得出一個結論，似乎「霍布斯害怕幽靈和魔鬼」，這個結論是錯誤的。霍布斯稱「在知覺長時間的和有力的活動後仍然留在我們想像中的形象」爲「幻象」。他斷言，只有無知的人才會把「這些幽靈當作像我們之外的物體一樣存在著的實在事物」。——俄譯本注

三　什麼是神學？（續）

這種體系是堆積無限個如果、但是、據說和也許才逐漸建立起來的，它支離破碎、沒有確定的形式，同時還把人引入迷途，使他們不再理解最簡單的事物和對最不可爭辯的眞理喪失信心。由於這種成系統的胡說八道，自然界在人看來就變成了無法理解的謎語，可見世界化爲烏有了，而讓位於不可見的世界；理性不得不屈服於想像，這想像唯一只能指出一條道路，通向它自己所虛構的幽靈之邦。

四　人非生而信仰宗教，也不是天生的自然神論者②

任何宗教都建立在上帝的觀念上；但是人們對不作用於人的任何一種感官的存在物不可

---

② 自然神論者，即是自然神論的擁護者。自然神論是十七世紀英國產生的一種學說，認爲上帝只是「第一推動」的泉源，只是世界的無人格的第一原因，而世界在其他方面則根據自然規律生存和發展。在十七—十八世紀，自然神論，像馬克思指出的，「至少對唯物主義者來說」，常常是「擺脫宗教的一種簡便易行的方法」（《馬克思恩格斯全集》，中文第一版，第一卷，第一六五頁）。伏爾泰和盧梭都是自然神論者。戰鬥的唯物主義者霍爾巴赫堅決譴責了自然神論。——俄譯本注

能有正確的表象。我們所有的概念，都是作用於知覺器官的反映。作爲顯然沒有對象的上帝概念如何能夠反映實在事物呢？這種概念正如無因之果一樣之爲不可能，難道不明顯嗎？沒有原型的概念能否是某種別的東西，而不是想像的產物呢？可是某些有學問的人確信：上帝概念是天賦給我們的；人一出世就已經固有這種概念！③任何概念都是判斷的結果；任何判斷都是經驗的結果；經驗的獲得只是由於我們感官的活動；由此可以推出，宗教表象顯然不是任何實在事物所引起的，它們也不是天賦給我們的。

五　沒有任何必要信仰上帝，而最合理的就是根本不去想祂

任何宗教體系都只能建立在上帝和人的本性以及存在於他們之間的相互關係的基礎上。但是，爲了判斷這些關係的實在性，應當有關於上帝本性的某種表象。與此同時，所有的人都肯定說，上帝的本質是人不可理解的，雖然同時他們又把各種不同的屬性加在上帝身上，並且斷定說，人不會不認識不可理解的上帝。

原來對人們來說，最重要的正是無論在何種場合他們都不能理解的東西。只要對上帝的

---

③ 霍爾巴赫尖銳地批判了「天賦觀念」的唯心主義學說，按照這種學說，某些一般概念和觀念，包括上帝觀念，似乎是人固有的。這一學說被神學吸收，並爲教會在其不成功的企圖論證宗教的「永恆性」時所利用。——俄譯本注

理解是人做不到的，則絕對不去想祂看來乃是最合理的事；宗教卻認為，一個人即使一分鐘沒有想到上帝，他就犯下了極大的罪過。

六　一切宗教都以輕信為基礎

我們聽說，上帝的屬性是人的有限理智無法理解的；由此本來應當得出一條自然的結論說，上帝的本性也不是為了成為凡人有限理智注意的對象而創造的；宗教硬要我們相信，人的有限理智一刻也不應當忘記他無法理解其屬性的、不可理解的存在物。因此，宗教無非是一種使人的有限理智去掌握他所無法理解的對象的藝術。

七　一切宗教都是無稽之談

宗教是上帝和人之間的環節，或者說，宗教把他們互相聯繫起來。但是在這裡有人武斷說，上帝是無限的。如果上帝是無限的，則任何有限的、會死亡的存在物就無法與祂有任何關係，也不能有任何聯繫。凡毫無關係的地方也就不能有任何相互的義務和協定。如果在人和上帝之間不可能有任何義務，則對人來說，也就不能有任何宗教。由此可見，如果肯定上帝的無限性，就等於消滅了任何一種宗教對人這個有限的存在物的可能性。對於我們說來，無限性觀念是沒有原型、沒有初型的無對象的觀念。

八 認識上帝是不可能的

如果上帝是一種無限的存在物，則在上帝和人之間，無論在凡間世界，或在某個別的世界，都不可能有任何關係，因此人的理智絕不可能設想上帝。即使承認另一種生活的存在，人在這種生活中將比在世間更有教養些，上帝的無限性也永遠會是人的有限理智所不可比擬的，所以，無論在天上或者在凡間，上帝同樣都將是人無法理解的。由此顯然可以推出，人在另一種生活中對上帝的理解絲毫不會比他在凡間生活中對上帝的理解多些。由此必然得出，智慧上超越於人的存在物，如天使、天使長、六翼天使和特選者，④同樣不可能比對上帝毫無所知的凡人構成更加確切的上帝觀念。

九 偏見的起源

要使有理性的存在物相信他們最不理解的事物對他們原來才是最重要的，這怎麼有可能呢？問題在於有人使人們產生了難以置信的恐懼，而當人感到恐懼時，他就不再思考；問題在於有人特別頑強的使人們不相信理性，而當理智的能力遭到破壞時，人就會相信一切而什

---

④ 指基督教會的「聖徒」和「殉難者」。——俄譯本注

麼都不加考慮了。

十　一切宗教的起源

無知、恐懼就是一切宗教的支柱。人對上帝所抱有的遲疑態度，恰恰也就是他服從宗教的原因。無論在身體或精神方面，一切未知、模糊的東西都會引起人的恐懼。一旦恐懼爲習慣，就會變成需要，那時在人看來，如果不害怕某種事物，似乎缺乏了什麼東西。

十一　騙子手借助宗教以利用人的愚痴

如果一個人從童年起習慣於在他聽到某些詞句時就因恐懼而戰慄，他就會產生一種聽這些詞句和感受恐懼的需要。因此人更願意聽信使他產生恐懼的人，而不願聽信試圖安慰他的人。迷信的人強烈的需要恐懼；他的想像要求這樣；可以說，人對任何事情都沒有像害怕失去這個恐懼的藉口這般擔心。

人們，就是一些假病人，正是這些假病人的愚痴受到力圖替自己的草藥尋找銷路的、唯利是圖的騙子手千方百計的支持。人們總是寧願聽信大開藥方的巫醫，而不聽信那些介紹正確的生活制度或信賴自然力量的人。

十二　宗教用奇蹟和聖禮引誘無知者

如果宗教是合理和明白的，它對無知者就不會有誘惑力。無知者需要各種聖禮、災禍、童話、奇蹟、不可思議的和不實在的事物，因爲這些東西常會助長他們的想像。長篇小說、童話、關於鬼和巫師的揑造，對無知的人的誘惑力比關於實在事件和事物的故事要大得多。

十三　宗教用奇蹟和聖禮引誘無知者（續）

在宗教問題上可以把人們稱做成年的兒童。宗教原理愈是荒唐無稽，其中神奇的東西愈多，這種宗教獲得的影響也就愈大；篤信宗教的人認爲無限的信仰是自己的義務；宗教愈是不可理解，則在篤信宗教的人看來，它就愈神聖；它的種種原理愈是不可思議，則把這些原理當作信條的人的功績就愈高。

十四　宗教的產生應該歸功於世世代代的無知和野蠻

宗教的誕生通常認爲是在野蠻時期，在人類最早的童年時代。一切時代的宗教創始人，都在粗魯、無知、落後的人們間進行傳道，還爲他們這些人創造了各種神靈、宗教儀式、神話、關於災禍和奇蹟的童話。所有這些虛構，以各種各樣的變異形式，父子毫無批判的相傳繼承，也許在兒子那裡比較文明一些，但都是同樣的不合理。

十五　一切宗教都是由於渴求統治地位而產生的

各民族最初的立法者認爲自己的目的在於奴役這些民族；最容易達到這個目的的辦法就是恫嚇和愚弄人的理性；這些立法者把自己的信徒們引上了荊棘叢生的小徑，以便使信徒們沒有機會猜出他們的眞正意圖；他們強迫人們看著天，以便使人們看不見自己腳邊的東西；他們在路上用各種童話來安慰人們；他們像時而用小曲、時而用威脅叫孩子睡覺或安靜下來的保姆一樣對待人們。

十六　一切宗教中最不足信的東西就是宗教的基礎

上帝的存在是一切宗教的基礎。看來懷疑上帝存在的人是很少的；但是一切宗教的這塊奠基石對於每一個能獨立思考的人來說，首先就會是一塊絆腳石。任何教義問答的第一條原理，過去是而且將來永遠是一個最難解答的謎語。⑤

十七 要相信上帝的存在是不可能的

可不可能眞誠的認爲自己相信不知其本性、人的知覺器官無法接觸，而且人們不斷肯定它不可理解的那種存在物是存在的呢？爲了使我相信某種存在物的存在或可能存在，首先就必須把這種存在物的屬性告訴我，這些屬性要不違反和排斥其他屬性；最後，爲了使我完全承認這種存在物的存在，必須使我認識它那些可以被我理解的屬性，並且向我證明，具有這

⑤ 一七〇一年凡多姆教堂祈禱所的神父們捍衛了這樣一條原理，該原理根據聖托馬斯的*學說，認爲上帝的存在不是、也不可能是信仰的對象。Dei existentia nec ad fidem attinet, nec attinere potest juxta sanctum Thomam（在聖托馬斯看來，上帝的存在不屬於也不能屬於信仰的領域）（參看巴斯拉節〔Basnage〕：《學者的著作史》〔*Histoire des ouvrages des savants*〕，第十七卷，第二七七頁）。——著者注

*指被天主教會尊爲「聖者」的中世紀經院哲學家湯瑪斯·阿奎那（一二二五—一二七四）。在多卷本《神學大全》中他企圖論證基督教關於上帝「從無中」創造世界和靈魂不死的教義、信仰，把社會不平等和等級特權神聖化，要求承認教皇權力對世俗權力的優越性，只是爲了懲罰教會的敵人，實現宗教裁判所的判決。充滿著敵視人民和蒙昧主義的湯瑪斯·阿奎那的學說至今仍然是天主教的「哲學基礎」。——俄譯本注

些屬性的那種存在物絕對存在。

十八　要相信上帝的存在是不可能的（續）

如果事物的表象包括既不能理解、甚至兩種互相否定的概念無法在思想上互相聯繫，那麼這種事物就不可能存在。在人看來，明顯性只能以人的感官不變的見證爲根據，因爲只有感官才會產生我們的表象，並且使我們有可能判斷某種事物的可靠性和可能性。凡不存在就會包括矛盾的那些事物，我們都可以承認其必然存在。這些大家都承認的原則一旦應用於上帝的存在時就不適用了；在這個問題上迄今所說的一切話，或者是不可理解的，或者是矛盾的，也正因爲如此，在任何思想健全的人看來，這些話都應當視爲是不可能的。

十九　上帝的存在是未經證明的

人的所有認識都逐漸發展著和完善著。但是究竟根據什麼決定性的原因，對上帝的認識仍然像以前一樣模糊不清呢？在這個問題上，最文明的民族和最深刻的思想家，跟最蒙昧的野蠻人和最無知的蠢人站在同一水準上；其次，只要仔細考察，就會看到我們對上帝的認識，被各式各樣的虛構和幻想弄得愈來愈模糊不清。一切宗教迄今爲止都只是建立在邏輯學上謂之預期理由（petitio principii）的命題基礎上。宗教首先建立一些沒有根據的假設，然後又用它們來進行論證。

二十　上帝是精神的論斷沒有任何實在意義

人們利用形而上學的推論方法得出結論說，上帝是無形體的精神；現代神學的這個論點是否表示比蒙昧者的神學有任何進步呢？蒙昧者承認某個偉大的靈魂是宇宙之主。蒙昧者也和所有的無知者一樣，硬說由於沒有經驗使他們無法分析其眞實原因的一切現象都是精神的作用。請問問蒙昧者，什麼東西使得鐘走動？他會回答說：精神。請問問我們的神學家，什麼東西使得宇宙運動？他們會回答說：精神。

二十一　無形體性是一種幻象

當蒙昧者談到精神時，他至少賦予這個詞某種意義；他把這個詞理解為像風、空氣運動、吹氣一樣的某種力量，這種力量不知不覺引起各種可見的現象。由於糾纏在無窮的謊話中，現代神學家不僅變成別人無法理解的人，而且自己也不再理解自己了。請問問他們，所謂精神這個詞是什麼意思呢？他們就會回答，這是一種極端單純的、未知的存在物，它沒有廣延性，而且一般說來，它和物質毫無共同點。老實說，找不找得到任何一個凡人能夠對這種存在物有絲毫的表象呢？精神一詞在現代神學語言中除了毫無意義以外，難道還有什麼別的意思嗎？所以說，無形體性概念是一種不反映任何實在事物的概念。

二十二　一切存在著的東西都是從物質內部產生的

既然我們的全部感官都可以證明物質的存在，既然我們時時刻刻都可以感受到物質的影響，既然我們經常觀察到物質在活動、在運動、不斷的傳遞運動和不斷的產生，另一方面，既然一種存在物不能從自身中得出它所沒有的東西，既然由於硬加在它身上的無形體性，這種存在物就不可能創造任何東西，也不能推動任何東西，那麼，承認一切存在著的東西都是從物質內部產生的，比硬說一切事物都是玄妙的力量、無形體的存在物所創造的，難道不是更自然些、更簡單些嗎？顯然，企圖使我們相信精神影響物質的那些表象，始終是沒有根據的，它們不反映任何實在事物。

二十三　什麼是現代神學的形而上學的上帝？

古代人認爲有物質之軀的朱比特，⑥能夠運動、創造、破壞和產生和自己類似的存在物；現代神學的上帝是沒有形體的存在物。按照硬加在祂身上的本性祂既不能在空間占住一個位置，又不能使物質運動，既不能創造可見的世界，又不能產生人們或神靈。這種形而上學的上帝好像是沒有手的工人。祂只能產生荒誕、幻想、瘋狂和糾紛。

二十四　崇拜太陽不會比崇拜精神上帝更不合理

既然人們這樣需要上帝，爲什麼他們不選擇太陽這個可見的、自古以來爲這樣多的民族所崇拜的上帝呢？這個古老的發光體照耀、溫暖和鼓舞著一切存在物，它在時自然界就會甦醒和更新，它不在時萬物都會陷入憂鬱和黑暗，難道沒有更多的權利崇拜它嗎？如果在人們的心目中，某種存在物也能體現出偉大、創造能力、善、不朽，則這無疑是太陽。太陽，在人看來，應當是自然之父、宇宙的主宰、神明。在任何場合下，凡是有健全理智的人，都不能否認太陽的存在，或否定它的有益影響。

---

⑥ 朱比特（Luppiter），古代羅馬人的最高神祇，等於古希臘的宙斯。——俄譯本注

二十五　精神上帝沒有欲望和活動的能力

神學家們叫嚷說：上帝不需要手可以進行自己的活動，祂僅憑自己的意志可以創造萬物。但是，這個擁有意志的上帝究竟是什麼呢？上帝的這種意志能夠要求什麼呢？相信菲亞、愛爾菲、相信鬼魂、相信魔術家、相信妖精，難道比相信精神對身體的神祕的和不可能的影響更愚蠢更困難嗎？如果我們承認這種上帝是可能的，我們就不會對任何無稽之談和莫名其妙的臆想感到憤慨。神學家對待人們的態度，就像對待從來不懷疑他們所敘述的童話之眞實性的小孩子一樣。

二十六　什麼是上帝？

只要聽一聽神學家的話就會相信上帝不可能存在；我們一開始就很容易看出，他們關於上帝所說的一切，和他們妄加在它身上的各種屬性，是根本不相容的。什麼是上帝？這是一個抽象名詞，虛構這個名詞的目的在於表示一種潛藏的自然力量；或者說這是一個沒有長寬高的數學上的點。一位哲學家很機智的論到了神學家，說他們解決了阿基米德⑦著名的課

---

⑦阿基米德（Archimedes，西元前約二八七—二一二年），古希臘的數學家和力學專家。霍爾巴赫這裡指的是阿基米德一句傳說的話：「給我一個支點，我可以舉起整個地球。」——俄譯本注

題，因爲他們在天上找到了一個支點，他們利用這個支點就可以把世界翻一個邊。⑧

二十七　完全不能容許的神學矛盾

宗教使人類屈服於這樣一種存在物：它沒有廣延，同時卻其大無外和包容萬物；它無所不能，而從來不實現自己的欲望；它無限善良，而只是招致不滿；它力求和諧，而到處散播糾紛和混亂。誰願意誰就試著去猜測什麼是神學家的上帝吧！

二十八　崇拜上帝意味著崇拜虛構的東西

爲了避免誤解，人們直率的對我們說：「知道上帝是什麼完全多餘的；應當崇拜祂，不

---

⑧ 大衛．休謨（David Hume，一七一一—一七七六），英國資產階級哲學家，主觀唯心主義者，其著作最著名的是《人類理解研究》（一七四八）、《道德原則研究》（一七五一）和《宗教的自然史》（一七五七）。休謨宣傳哲學懷疑論和以道德爲基礎的自然神論，批判了上帝存在的神學「證明」。他認爲宗教是幻想和恐懼的產物。但是他在向「受過教育的」上層社會表示意見時，建議爲人民群眾保存宗教和宗教道德。法國啓蒙思想家，也包括霍爾巴赫在內，都珍視休謨的宗教懷疑論。——俄譯本注

必知道祂；祂的特點是我們放肆的目光看不到的。」但是，在同意尊敬某個上帝以前，難道不應當首先相信祂的存在嗎？如果不驗證一下祂能否擁有妄加在祂身上的那些種種的屬性，又怎麼會相信祂的存在呢？老實說，崇拜上帝無異於崇拜人所想像創造的虛構物，或者簡直就是崇拜虛有的東西。

二十九 上帝的無限性和理解上帝本質的不可能性會導致無神論

神學家們無疑是抱著擾亂問題的目的，互相約定絕口不正面談論上帝；他們利用反證法來說明上帝的特性，並且以爲他們可以用否定和抽象的方法創造一種實在的和完善的存在物，但是他們實際上只創造出一個虛構的東西、一個純粹的抽象名詞。精神是一種不是身體的東西；無限的東西是一種不能稱爲有限者的東西；完善的東西是一種不可能是不完善的東西。憑良心說，誰能夠用這種堆砌各式各樣的否定概念和缺乏概念的方法形成任何實在的觀念呢？一種排斥任何概念的東西只能是「無」。

斷定上帝的屬性超乎人的理解力，就無異於承認上帝不是爲人們而創造的。斷定上帝中一切都是完善的，就無異於承認在上帝和祂的創造物之間不可能有任何共同點。說上帝是無限的，無異於剝奪人理解上帝的可能性，從而使祂變成不爲人所需要的。

人們說：「上帝把人創造成有理性的，但不是全知的，這就是說，人沒有能力知道一切。」由此得出結論說，上帝沒有賦予人理解上帝本質的能力。在這種狀態下很明顯的上帝不可能也不願意成爲人的認識對象。既然如此，上帝有什麼權利可以對那些按其本性不可能使自己形成關於上帝本質的觀念的人們生氣呢？如果上帝僅爲著某個無神論者不知道由於自己的本性而沒有能力認識的那種事物，就打算懲罰這個無神論者，則上帝顯然是一個最不公正的和最專橫的暴君。

三十　不信上帝並不比信上帝更危險或更有罪

對於絕大多數人來說，最有說服力的理由就是恐懼。神學家們也就根據這一點勸導我們選擇最可靠的道路，他們硬是要人相信，沒有比不信神更大的罪過了，上帝會毫不憐憫的懲罰所有敢於懷疑其存在的人；上帝採取這種嚴厲的辦法是有道理的，因爲只有狂妄和淫蕩才會使人否認殘酷報復無神論者的、怒氣沖沖的君主的存在。如果我們十分冷靜的判斷這些恫嚇，那就會看到，它們都是從同一個可以爭論的論點出發的。在向我們說明信仰上帝的優越性和由於懷疑上帝存在或否定上帝存在而造成的危險性以前，應當首先多少滿意的向我們證明上帝的存在本身。然後應當向我們證明，這個公正的上帝確實可以殘酷的懲罰人們，懲罰的原因則僅僅是由於他們過分弱小，以致相信他們有限的理智無法理解存在物的存在。一句話，應當證明號稱無限公正的上帝可以因爲人們對上帝的神聖本質的無法避免的和不可克服的無知而極端殘酷的懲罰他們。

但是這樣一來，是否應該承認神學家的這一切議論至少是奇怪的呢？他們創造出各種幽靈；他們從矛盾和荒謬中揑造出這些幽靈，然後又使人相信，最正確的道路就是不懷疑他們自己虛構出來的這些幽靈是存在的。假使遵循這種原則，那麼結果就會是，信仰荒唐的事反而比不信仰荒唐的事更安全。

所有的兒童都是無神論者；他們沒有任何關於上帝的觀念；難道可以把他們的無知看作罪過嗎？從什麼年齡開始，孩子們有信仰上帝的義務呢？人們答覆說，一旦成爲有理性的存在物，人就有信仰上帝的義務，那麼，從哪幾年開始人會變成有理性的存在物呢？……可是，如果最深思熟慮的神學家對於他們並不希望加以理解的上帝本質的定義也茫無所知，那麼普通的凡人、婦女、勞工，總之，關於上帝絕大多數人類又能夠有什麼樣的觀念呢？

三十一　信仰上帝是童年以來一種根深蒂固的習慣

人們信仰上帝是由於聽信了別人的一些話，這些人本身對上帝並不比他們多知道一些。在信仰方面我們最初的教師是我們的母親；她們像談論妖怪般的向孩子談論上帝；在幼兒年紀還很小時就教他們叉著雙手祈禱。母親教幼兒祈禱，但是她們對於上帝的知識會比幼兒多嗎？

三十二　宗教是一種根據父子相承的傳統遺留下來的偏見

宗教是與其他義務一起作爲傳家寶而父子相傳的。世界上有少數人信仰上帝，其他的人對這件事是不關心的。我們每一個人都從父母和教養者那裡得到上帝，這個上帝又是父母和教養者從自己的父母和教師那裡繼承來的；不過我們每個人都根據自己固有的性格來改變、美化和變更這個上帝。

三十三　偏見的起源

人腦是一塊柔軟的蠟，在童年時更是如此。這塊蠟保存著人希望獲得的一切觀念的痕跡。人的全部信念幾乎都應當歸功於教育；這些信念都是人在尚未有獨立思考能力的年齡獲得的。我們認爲，在童年時期獲得的眞、假觀念都是我們自己的本性固有的，我們和這些觀念一起來到了人間；而這種信念則是我們各種謬誤的基本泉源。

三十四　偏見是如何傳播和深入人心的

偏見使我們牢固的接受教養者的觀點。我們認爲這些人是比較聰明的；料想他們會深信他們教給我們的知識。我們完全信任他們，因爲在我們必須得到旁人幫助的時候，他們經常關懷我們，所以認爲他們不會欺騙我們。這就是驅使我們根據教養者有害的教訓形成上千種謬見的原因；即使禁止我們思考聽到的言論，不僅不會破壞我們對他們信念的信任，而且有時甚至會促進這種信任。

三十五　如果人們在人沒有思考能力前曾否認現代神學的教條，那麼就絕對不會相信這些教條

人類教師的做法很有遠見：他們在人無法分辨眞僞和左右手的年齡就使人們承認各種宗教原則。要使四十歲的人承認我們從小所獲得的那些極其荒謬的神靈觀念，是十分困難的，正如很難從還在幼年時就接受這些觀點的人的頭腦中把這些觀念驅逐出去一樣。

三十六　自然界的奇蹟絕對不能成爲上帝存在的證明

人們硬叫我們相信，只要觀察一下自然界的奇蹟就足以相信上帝的存在，並且完全承認這條重要的眞理。但是世界上究竟有多少人具備必要的閒暇、條件和天賦可以觀察和思考自

然規律呢？絕大多數人對自然界都是漠不關心的。農夫對他朝夕所見壯美的太陽根本無動於衷，水手對潮水的時漲時落並不感到驚訝，從這種現象中他不會推出任何宗教前提。自然界的奇蹟僅僅在某些有偏見的人看來才是上帝存在的證明，因爲他們預先指出了他們並不理解其原因的所有那些現象中都有天命在焉。不受偏見束縛的學者認爲自然界的奇蹟只是說明自然界具有偉大力量、只是說明自然規律是固定不變的和多種多樣的、只是說明這些奇蹟都是不斷變化的物質用各種最不同的形式結合起來的必然結果。

三十七　自然界的奇蹟可以用自然的原因來說明

某些深思熟慮的神學博士不承認自己對自然規律的無知，而是竭力在自然界限之外，即在想像世界中，尋找比能夠從之得到某種觀念的自然界還更玄妙、更陌生的力量，是否有什麼事情能夠比這些神學博士的邏輯更加奇怪呢？所謂上帝是我們可以見到的一切現象的創造者的說法，豈不等於認爲這些現象有某種不可見的神祕的根源嗎？什麼是上帝呢？什麼是精神呢？這全是原因，對於這些原因我們是沒有絲毫觀念的。學者啊！去研究自然和它的規律吧！一旦你們能夠發現自然原因的結果，請不要求助於超自然的原因吧！要知道，超自然的原因不僅不會幫助你們理解自然，而且還會使你們失去理解自己的能力。

三十八　自然界的奇蹟可以用自然的原因來說明（續）

我們聽說，沒有上帝的自然界是完全不能說明的，這就等於說，爲了說明某種不大了解的現象，需要有一種我們對它幾乎毫無任何概念的原因。由此可見，神學家們企圖驅散黑暗，卻使大地更加漆黑一團。他們想解芥蒂，卻使芥蒂愈解愈多。大自然的研究者啊！你們竟力圖證明上帝的存在！寫寫植物學的論文吧！去細心研究人體吧！集中力量來觀察天上行星的運行吧！然後再回到大地，去對地上水的流動感到驚訝吧！去欣賞那些由活原子組成而你們卻誤認爲是體現你們上帝的偉大的蝴蝶、昆蟲和水螅吧！所有這些東西都不會證明上帝的存在，它們只會使你們相信，你們對物質的無限的多樣性，對物質以無限多的形式結合起來的物質的作用，即對宇宙的作用，並沒有正確的觀念。你們的全部觀察都只會向你們證明：你們不懂自然是什麼、你們對自然力量絲毫沒有觀念，因爲你們認爲自然界不能產生無數種形式和存在物，在這些形式和存在物中，你們的眼睛即使利用顯微鏡也只能看到最小的一部分；最後，你們會相信，由於你們不認識可以知覺和可以認識的原因，所以在你們看來，比較簡單的辦法就是用一個名詞來表示這個原因，對於這個原因你們絕對無法得到任何眞正的表象。

三十九　世界不是創造的，而物質是自己運動的

人們鄭重的向我們聲明：沒有無原因的結果；人們時刻反復向我們說：世界不是自己產生自己。但是世界是原因，而不是結果，世界不是創造物；世界之所以不是被創造的，因爲它不可能被創造。世界永遠存在；它的存在是必然的。它是自身原因。自然界的存在物顯然在於活動和產生；自然界爲了實現自己的職能，不需要任何不可見的推動者，這是我們親眼看到的，因爲這個推動者比自然本身還要神祕莫解。物質的運動是由於自己的能力，這種能力是物質異類性的必然結果；物質運動的多樣性，物質活動多樣性的表現乃是自然界多樣性的唯一原因；而我們只是根據所獲得的印象和感官所受到的多樣性影響來區別各種現象。

四十　世界不是創造的，而物質是自己運動的（續）

我們看到，在自然界中，一切都在不斷運動著；神學家則堅決認爲自然界本身是靜止不動的、僵死無力的！神學家們常說，依據自己的本質而活動的自然界整體，還需要某個局外的推動者！這個推動者究竟是什麼呢？你們要知道，這就是精神，即完全不動的和矛盾的存在物。我要提出的結論是：物質是自己運動的。現在應該停止議論精神的推動者，因爲這個推動者並不具有使物質運動所必需的任何一種性質。現在應該拋棄各種華而不實的理論，而

從想像世界回到實在世界；我們要研究第二原因，而把第一原因留給神學家，要知道，爲了使我們觀察到的一切結果產生出來，自然界是不需要第一原因的。

四十一 還有一些證據說明：運動是物質本身固有的，因此，沒有必要去假定精神推動者的存在

我們可以知覺物質世界的各種現象和事物，獲得關於這些現象和事物的概念和表象，弄清它們之間的區別，只是由於它們給予的那些印象或影響，我們才認爲它們具有各種屬性。爲了認識或知覺任何一種事物，必須使這種事物作用於我們的感官；如果不在我們自己身上引起某種運動，任何事物都無法作用於我們；同時，只有由於這種事物本身就在運動，它才能夠在我們身上引起這種運動。只要任何一個對象作用於我的視覺、我的眼睛，我就可以看見這個對象；如果沒有某種發光的、有廣延的、有色的物體作用於我們的視覺器官或視網膜的運動，那麼就無法設想光線和視覺印象。如果我感覺到氣味，我的嗅覺就必須獲得發出氣味的物體其微粒運動所產生的刺激。如果我聽到聲音，我的鼓膜就應該知覺到發聲物體的運動所產生的聲浪，因爲如果發聲物體本身不運動，它就不會發出聲音來。由此可以十分明顯得出結論：沒有運動，我就不能知覺、感覺、區別、比較、判斷對象，甚至無法把

自己的思想集中在對象上。

我們從學校裡知道，任何存在的本質就是決定著這個存在全部的屬性。[9]所以，很明顯，我們所知道的那些事物或物質的一切屬性都受運動的制約，因爲只有根據運動才能認識這些事物的存在，而且關於這些事物的最初感覺和表象也是由運動引起的。只是由於我們在自己心中所感覺的運動，才能夠相信本身的存在。因此，必須得出結論：運動是物質固有的，正如廣延性是物質固有的一樣；沒有運動，物質就無法被知覺。

如果還是有人堅定的要向我否認證明運動是一切物質所固有的和獨具的這些不容爭辯的道理，那麼，他至少必須承認，看起來是僵死和沒有能力的事物，只要使它們相互作用，它們自己就會運動。例如，放在瓶子裡不使與空氣接觸的自燃物[10]是無法燃燒的。但是，一旦與空氣接觸，難道它不會立即燃燒起來嗎？難道麵粉和水互相混合時不會開始發酵嗎？所以說，不屬於動物界的物質本身可以產生運動；而自然界並不需要推動者就可以使自己活動。順帶一提，人們賦予這個推動者許多不會促成任何活動的屬性。

---

[9] Exsentia est quid primum in re, fons et radix omnium rei proprietatum. ——著者注

[10] 自燃物，或焦磷酸（HP_2O_7）——透過加熱磷酸和接觸空氣著火燃燒的方法得到的一種化學物質。——俄譯本注

四十二　人的存在絕對證明不了上帝的存在

人是從哪裡來的呢？最初的來源如何呢？是不是原子偶然結合的結果呢？第一個人當眞是地上的塵土做成的嗎？這件事我不知道。在我看來，正如其餘一切現象和事物一樣，人也是自然界的創造物。我也很難說，最初的石頭、樹、獅子、象、螞蟻、橡實等等，是從哪裡來的，正如我很難說明人類的起源一樣。

人們反復不斷的對我們說：承認天主的權力吧！承認這個智慧無窮和無所不能的創造者的權力吧！因爲祂的創造物——人是十分了不起的。我承認，人的確是一種値得驚異的現象；但是既然人在自然界中存在，我就無法認爲自己有權肯定說，這個自然界沒有力量創造人；我還認爲：如果人們對我說，人是沒有眼睛、沒有腳、沒有手、沒有腦袋、沒有肺、沒有嘴、沒有呼吸的精神創造的，這個精神拿起一塊泥土，並且把生命吹進這塊泥土中，於是就創造了人，則在我看來，人的創造和構造就更加難懂多了。

我們覺得住在巴拉圭⑪的野蠻人都是些愚人，因爲他們相信人是來自月亮的；歐洲的那些神學家們則把自己的起源妄加在精神上。他們比巴拉圭的野蠻人聰明多少呢？

⑪ 霍爾巴赫指的是瓜拉尼安部族的印第安人，他們是南美巴拉圭共和國的土著居民。——俄譯本注

人是有理性的；由此可以得出結論說，他只能是有理性的東西的創造物，而不是沒有理性的自然界的創造物。即使沒有比享有如此引為驕傲的理性的人更罕見的現象，我還是承認，人是有理性的，他的需要使他具有這一屬性，而和其他人們的交往則促進理性的發展。但是，不論在人身上，或者在人所具有的理性中，我都看不出據說創造了這部機器的造物主其無限理性的任何一點明顯表現；我看到，這部燦爛輝煌的人體機器遭受過破壞；我看到，它驚異的理性逐漸衰微，不然就是完全消逝；我要得出結論說，人的理性依賴於物質的人體器官一定的結構；沒有任何理由可以根據人是有理性的存在物，而得出上帝應當有理性的結論，正如無法根據人是物質的存在物，而得出上帝的物質性的結論一樣。人的理性不能證明神靈具有理性，這恰如人的陰險無法證明創造人的上帝也同樣陰險一樣。無論神學從什麼觀點來分析這個問題，上帝始終都是為本身的結果所否定的原因，或者是無法根據他的創造活動來判斷的造物主。我們經常看到，不完善性的惡、狂妄都來自一個本源，這個本源據說是仁慈、完善和聰明的。

四十三　不論是人或者是宇宙，終究不可能是偶然性的結果

你們會說，總而言之，有理性的人，像整個宇宙以及構成宇宙的全部現象和事物一樣，都是偶然的結果！根本不對，我再說一遍：宇宙不是結果；它本身乃是一切結果的原因；

世界上存在著的萬事萬物都是這個原因的必然結果；這個原因有時使我們認識它的一些屬性；宇宙的大部分活動規律仍然是我們不知道的。人利用**偶然**這個名詞來掩飾自己對眞實原因的無知；但是不管人是否知道這些原因，它們的作用總是完全服從於一定的規律。沒有原因就不會有結果。

自然界一詞我們用來表示無數的存在物和物體，這些存在物和物體是在我們眼前發生的種種運動的無限結合和聯合。一切活的和死的物體都是一定原因的必然結果，這些原因必然會產生我們可以看見的各種現象。自然界的任何現象都不可能是偶然的；一切自然現象都遵守確定的規律，這些規律則表示已知結果與它們的原因有必然的聯繫。物質的任何一個原子都不能任意或**偶然地**和其他原子相遇；這種相遇是受永恆不變的規律制約的，因爲這些規律必然預先決定著每一個存在物的行爲在特定條件下不可能以另一種方式活動。說**原子可以任意運動**，或者把某些結果說成是**偶然現象**，這等於說不出什麼道理，或者是承認自己對自然界的各種物體據以活動、碰撞和結合的那些規律完全無知。

只有在不了解自然、不了解事物的屬性、不了解由於特定原因的作用而必然要發生的那些結果的人們看來，一切現象才是**偶然地**發生的。太陽之處在我們的行星系統的中心並不是偶然的；原來構成太陽的這個物質按其本性正是應當占住這個中心位置，它正是應當從這個位置發出光和熱來維持其他行星上的一切生物。

四十四　宇宙的規律也無法證明上帝的存在

崇拜神靈的人認爲正是宇宙的規律不可辯駁的證明了統治宇宙的理性存在物是存在的。這些規律只是對我們時而有利、時而有害的各種原因或情況的必然結果；因此我們贊許一些原因，而指責另一些原因。

自然界遵循著自己確定不移的規律；這就是說，相同原因引起相同結果，只要這種聯繫不爲可以改變最初結果的某些其他原因的干涉所破壞。如果通常我們在自己身上感受其結果的那些原因，受到其他不常見的、其自然性和必然性絕對不會因爲尚不爲我們所認識而降低的原因的作用或推動，我們會非常驚訝，並且大呼奇蹟，因爲我們是把這種原因叫做奇蹟：我們對這種原因的認識比對我們可以知覺到的原因的認識更加少得多。

世界上永遠是和諧占統治；世界上不可能有混亂。如果我們埋怨沒有秩序，埋怨世界秩序受到破壞，這只是說明我們自己這部機器沒有秩序罷了。遍布宇宙的一切物體、一切原因、一切存在物必然要像我們觀察到的那樣活動著，而不管我們是否贊同這種活動的結果。地震、火山爆發、洪水、瘟疫、歉收，這些都是必然的結果，也都是出於事物的本性，正如固體落下、河水流動、海潮的定期漲退、一陣風、及時雨以及對我們有利的一切結果和現象那樣，而我們卻爲它們讚揚和感謝上帝。

讚美確定的世界秩序，無異於因爲相同原因永遠產生相同結果而驚訝。對自然災變感到奇怪，無異於忘記：如果原因改變了，或者受到了其他某些因素的作用，則其結果就必然要改變。對自然事物一定的秩序感到詫異，無異於對某種一般事物的存在感到詫異；無異於對自己的存在感到奇怪。對一種東西來說是秩序，對另一種東西而言就是無秩序。所有惡毒的人都認爲，使一切事物紊亂不堪是理所當然的；他們認爲任何干涉他們的危害活動的行爲根本都是不合理的。

四十五 宇宙的規律也無法證明上帝的存在（續）

如果認爲上帝是自然界的創造者和推動者，我們就應當承認，世界上不可能有任何亂七八糟和秩序混亂的現象；因爲上帝所創造的一切原因，都應當根據這些原因所具有的屬性、動機和性質必然的活動。如果上帝突然改變了世界秩序，它就不再是不變的了。人們認爲宇宙的規律是最令人信服的證明上帝的存在、祂的智慧、威力和仁慈，如果這些規律受到破壞，人們就一定會懷疑上帝的存在，懷疑上帝反復無常、軟弱無能，懷疑上帝在開始進行創造的時候沒有遠見和智慧；我們就會有權責備祂粗心大意的選擇自己所創造、預備或使用的種種手段和工具。最後，如果秩序與和諧證明上帝的威力和智慧，則對這種和諧的任何破壞就會成爲上帝軟弱、無常和狂妄的證據。

我們聽說，上帝是普遍存在的，祂是其大無外、無處不在的，沒有上帝就沒有一切，如果上帝不使物質運動，物質就會是僵死的。但是，既然如此就必須承認，正是這個上帝對於秩序混亂的現象是有責任的，祂使自然界互相爭奪，祂是混亂現象的締造者，祂促使人去犯罪。要知道如果上帝是普遍存在的，那就是說，祂也存在我的心中，祂永遠與我一起活動，祂與我一起犯錯誤，祂與我一起痛恨上帝，並且與我一起否認上帝的存在。神學家啊！當你們談論上帝時，你們甚至不再理解你們自己了！

四十六　無形體的精神不可能具有理性，崇拜神靈的理性乃是最純粹的無稽之談

爲了具有我們稱之爲理性的那種東西，必須先有觀念、思想、欲望；爲了具有觀念、思想、欲望，必須有相應的各種器官；爲了具有各種器官，必須有身體；爲了作用於其他物體，必須自己有身體；爲了感覺到秩序破壞的某種現象，必須賦有感覺痛苦的能力。由此可以明顯推論，無形體的精神不可能具有理性，也不能知覺到世界上所發生的一切事變。

你們會說，神靈的理性、觀念、意圖與人的理性、觀念和意圖沒有任何共同點。但是，既然如此，人們怎麼可以判斷神靈的意圖呢？怎麼可以接受神靈的觀念和讚美神靈的理性呢？這就無異於判斷、稱讚和崇拜一個我們對之並無任何表象的東西。崇拜神靈最高智慧、不可預知的道路豈不等於崇拜我們無法判斷的東西嗎？讚美這個神靈的意圖豈不等於沒有把要讚美的原因認識清楚就產生讚美的感情？這種感情總是來源於無知，人們總是讚美和

崇拜他們所不理解的東西。

四十七　神學家們賦予上帝的各種屬性，是與他們所規定的神靈本質相矛盾

妄加在上帝身上的一切性質不可能屬於按其本性和人毫無相同點的存在物。神學家們的確以爲只要使上帝具有人的各種最完善的屬性就可以擺脫這個矛盾。但是，當神學家們無限設想這種完善性時，他們就會得到不能容許的矛盾。把神和人這樣結合起來會有什麼結果呢？或者說，神人結合論的結果是什麼呢？結果是這樣一種幽靈：儘管神學家們費了很大的氣力才想出這樣一種結合，但是只要對它說出某種肯定的意見，它立即就會化爲烏有。

但丁在其《神曲．天堂篇》⑫中說，上帝透過三道變幻出各種鮮豔色彩的光圈的形象顯現在他的眼前；但是只要詩人願意更仔細注視一下這種光圈的奪目光輝，他一定會看到自己的面孔。所以說，人崇拜上帝時只是崇拜他自己。

---

⑫ 指阿利吉耶里．但丁（Dante Alighieri，一二六五—一三二一）的《神曲》（*La Divina Commedia*），由三部分組成，即地獄篇、煉獄篇和天堂篇。——俄譯本注

四十八　神學家們賦予上帝的各種屬性，是與他們所規定的神靈本質相矛盾（續）

即使最膚淺的思考難道不會使我們相信上帝不可能具有任何一種人類美德或其他的任何一種屬性嗎？我們的美德和其餘的性質，是我們多種多樣的性格的產物。然而，難道上帝能夠有和人一樣的性格嗎？我們的種種屬性視其對我們與之共同生活在社會中的那些人的關係，如何而稱爲肯定的或否定的。在神學家看來，上帝是唯一的存在物；它沒有和自己相似的東西，所以上帝不是生活在社會中；上帝對任何人都無所需求；上帝是永遠幸福的，沒有任何東西能夠損害上帝的幸福；因此，神學家們應當承認，根據他們自己的觀點，上帝不可能具有所謂的美德，正如人不可能用善良的態度對待上帝一樣。

四十九　硬說人類是創造活動的目的和榮譽，是極其荒謬的

人的驕傲感使他自命爲上帝所創造的宇宙之目的和榮譽。如此高傲的信念究竟有什麼根據呢？我們聽說，根據在於人是唯一富有理性的生物，這種理性使他能夠認識神靈和讚美上帝。人們硬要我們相信，上帝創造世界只是爲了自己的光榮，在宇宙的總計畫中，人應當作爲一種天生就有崇拜上帝和讚美其創造活動的能力的生物而占住一個位置。但是，如果根據

這種情況，上帝難道不是顯然無法達到自己的目的嗎？第一，因爲在一些神學家看來，人絕對沒有能力認識上帝，人對上帝的本質永遠會停留在完全的和不可克服的無知狀態中。第二，因爲一種存在物如果沒有自己的同類，就不可能有讚美的需要，其原因在於光榮是一種把一個存在物的性質和同類存在物的性質加以比較的結果。第三，因爲如果上帝是無限幸福和獨立存在的，祂就不需要可憐的創造物的崇拜。第四，因爲上帝的事業儘管非常偉大，還是沒有人會去讚美祂。反之，世界上所有的宗教都告訴我們說，上帝經常受到侮辱；一切宗教都認爲自己的目的只在於使犯罪的、忘恩負義的和叛亂的人順從對他們生氣的上帝。

五十　上帝既不是人創造的，人也不是上帝創造的

如果上帝是無限的，則人需要上帝正如螞蟻需要人一樣。把窩築在任何一個花園裡的螞蟻未必會想到議論園丁和研究他的意圖、欲望和計畫是粗魯無禮的行爲。比方：螞蟻是否有權肯定地說，凡爾賽花園[13]只是爲牠們培植的，而追逐虛名和揮霍無度的國王的唯一目的，

---

⑬ 凡爾賽花園，十七世紀在凡爾賽王宮（十七—十八世紀法國國王的府邸，距巴黎十七公里）附近開闢的、著名的大、小特里亞農宮。——俄譯本注

就是替螞蟻建立一座豪華的住宅呢？但是，神學家認爲，人之於上帝比醜陋的昆蟲之於人本身更加微不足道。所以，專門從事研究神靈的屬性和意圖的神學，就會變成極其荒謬。

五十一　說宇宙的目的在於人的幸福，是不正確的

人們肯定的說上帝創造宇宙時的唯一目的就是人的幸福。但是，在這個僅僅爲他而創造的和由萬能的上帝治理的世界上，人眞的幸福嗎？這種幸福是不是可靠呢？快樂沒有參雜痛苦嗎？世間有多少人滿意自己的命運呢？人類不是經常受到各種肉體的和精神的痛苦嗎？不是有成千上萬的原因在破壞這個被認爲是神靈勞動的傑作的人體機器嗎？我們難道會去稱讚一部雖然巧奪天工卻往往受到損壞，而終於自趨崩潰的機器，這位機械匠師的工作嗎？

五十二　所謂天意乃是一個毫無意義的名詞

所謂**天意**是指神靈爲了滿足自己最喜愛的創造物的需要和關心他們的幸福，而表現出的那種善意關懷。但是，其實不需要多費氣力就可以相信上帝對任何東西都不關心。天意對凡間的絕大部分居民是完全無動於衷的。我們記得除了一小撮自認爲幸福的人以外，多少不幸的群眾在窮困和痛苦的壓迫之下呻吟。

我們看到：爲了滿足少數貪得無厭，然而實際上並不比受他們壓迫的奴隸更幸福的暴君的奇怪願望，一大批一大批的民族爲著一塊麵包而如何的互相爭奪！

神學家們竭盡口舌吹噓上天的神恩，叫我們一心倚靠這種天意，一旦出現任何意外災變他們就宣傳說，人**雖然是完全自覺的**，也**不過是天意手上的玩具**，因爲天意可以推翻人的全部計畫，擺弄人的一切努力，而大智大慧的上帝認爲使人離開理性的正路是一種樂事！但既然如此，爲什麼要相信那個嘲弄人並且使人變成娛樂和玩弄的對象，這個陰險的天意呢？既然我不了解神靈的行爲，怎麼能夠要求我讚美神靈最高智慧的、不可預知的道路呢？有人告訴我，我應當根據天意的產物來判斷天意，可是我正是這樣做而發現，這些產物有時對我是需要和有益的，但最經常的情況則是有害的。

神學家們企圖證明天意是存在的，他們肯定的說，任何人在這個世界上都可以看到幸福多於悲傷。但是，即使接受天意給我們一百項神恩我們總共只得到十件災禍的說法，在那種情況下，我們還是要承認，天意每做一百件好事就得做十件壞事。

這是否與所謂天意無限的完善性相容呢？

一切神學書籍都充滿著對天意和它關懷人的阿諛讚詞；可能以爲人在世間不需要關心自己的幸福。但是，沒有勞動，人一天也活不下去。我們看到，爲了生活，人必須不倦的、汗流滿面的耕耘土地、打獵、捕魚；沒有這些生活必需品，天意就無法滿足人的任何一種需要。無論我們往哪裡看，全世界的野蠻人和文明人一樣對天意進行著不斷的交戰，因爲人不得不擊退天意給予的各種打擊：颶風、暴雨、嚴寒、冰雹、洪水、乾旱和常使人的全部勞動化爲烏有的各種災難。總而言之，我看到，人類不斷設法使自己避免所謂關懷人的幸福的天意的惡作劇。

有一個虔信者曾經讚美神靈的天意，因爲這天意如此聰明的把所有的河流正是安放在人們建築城市的地方。不得不承認，這個人的議論並不比許多有學之士的信念更有道理，這些學者反復不斷對我們談論終極原因，或者認爲他們已經完全了解上帝在創造世界上的一切存在物時的善良意圖。

五十三　所謂天意竭力破壞，而不是支持現存的世界秩序；它非常仇視人，而不是與人友好

我們是否看見神靈的天意在保存那些所謂上帝驚人的創造物方面有多少明顯的表現呢？如果天意統治世界，那麼，它既忙於破壞，又忙於創造，既忙於消滅，又忙於復生。難道天意不是時時刻刻都在使它彷彿不斷關心其生存和幸福的、成千的人喪生嗎？天意往往給自己最喜愛的創造物種種打擊。它時而破壞他的住宅；它時而毀滅他的莊稼；它時而降下旱災，使他陷於貧困；它動員一切自然力量來與人作對；最後，它使一個人武裝起來反對全體人類；而它完成這一切善行的主要目的是使人在最殘酷的痛苦中斃命。是否可以把這一切都

叫做關心於保存世界秩序呢？

如果不是心懷成見的看待天意對人類和一切生物的關係上的相反兩種作用，我們就會相信，天意不僅不像溫柔的和關心入微的母親，而倒像那些淫亂的女人：她們忘記自己不道德的享受不幸果實，一旦這些果實在世間出現，她們立即任由命運去擺布自己的兒女，而以生產他們爲滿足。

據說，被許多文明民族當作野蠻人看待的果天托特人*卻表現出無比偉大的智慧：他們拒絕崇拜上帝，並且提出這樣的理由：**如果上帝是經常行善，祂也同樣經常作惡**。有些人則執著相信上帝只是仁慈的、有智慧和預見的，而不顧注意遍布世界且是他們以讚美和感激的心情親吻著的那只造成無數暴行的手。果天托特人的那種看法比這些人的信念難道不是更加合理、更加和我們的經驗一致嗎？

五十四　不，世界不是由有理性的存在物治理的！

健全思想的邏輯教導我們說，我們應當根據某一原因的結果判斷這種原因。只有在原因

---

* 果天托特人（Hottentots），西南非洲的民族之一。——譯者注

的結果始終是好的、有益的和愜意的那種情況下，才能承認這種原因是永遠不變的善。其結果的善或惡那個原因，在一種場合下可以承認是善，在另一種場合下則是惡。神學的邏輯否認這些命題，按照這種神學的邏輯，各種自然現象以及我們在這個世界中所看到的一切事物，都證明著無限善的泉源或原因是存在的，這原因就是上帝。雖然世界上充滿著惡，雖然世界上經常到處都是紛爭和混亂，雖然人們時刻都在呻吟歎息和抱怨壓在他們頭上的命運，我們應當相信這一切都是某個善良和不變的原因的結果；而人們也都相信這點，或者裝出相信的樣子！

世界上發生的一切事變，很明顯的向我們證明：世界不是由有理性的存在物治理的。我們只有根據某種存在物所採取的手段有多少適應於被提出來的目的，才能判斷這種存在物是否具有理性。所以，據說上帝的目的是人類的幸福；但是一切有生命的存在物都服從千篇一律的必然性——他們生下來是爲了受很多的痛苦，享很少的快樂，然後死去。人的一生充滿著愉快和悲哀；除善以外，我們到處都看到惡；秩序和紛爭互相交替；創造之後跟著就是破壞。如果有人對我們說，天意對我們是祕密，神的道路是不可理解的，我就回答說，在這種場合下，我便沒有能力判斷上帝是否具有理性。

五十五　不能承認上帝是不變的

你們硬說，上帝是不變的！但是，在這個彷彿是上帝控制的世界上爲什麼會到處存在永恆的變易性呢？地球上是否有任何一個國家像上帝控制的世界一樣如此頻繁的發生殘酷的革命和政變呢？自然界的一切事物經常都在變化和轉化，是否能夠認爲不變的和有足夠力量可以鞏固和永遠保存其創造物的上帝會成爲自然界的主人和統治者呢？如果在所有對人類有利的現象和結果中我能夠看出不變的上帝，那麼對於人類在其壓迫下遭受痛苦的全部無法計數的災難，我又應當假定怎樣的上帝呢？你們說，我們的罪過驅使上帝懲罰人們；我要反駁你們，你們自相矛盾了，如果人的罪過可以使上帝在對人的態度上改變自己的行爲，上帝就不是不變的。經常由憤怒和生氣狀態轉折到安寧和平靜狀態的存在物，能算是不變的嗎？

五十六　善和惡是各種自然原因的必然結果。若無法改變任何東西的因果性規律，上帝就不是上帝

宇宙只能是什麼樣子，它就是什麼樣子。居住在宇宙中的一切生物都有快樂和痛苦，這就是說，他們時而感受到愉快的結果，時而感受到不愉快的結果。這些結果是不可避免

的；它們是從按其本質而活動的原因中必然產生的。我可能喜歡這些原因的結果，也可能不喜歡這些結果，這必須視我自己的本性而定。本性使我不得不避免和拒絕一些結果，與之交戰，並且尋找、希望和力求得到其他結果。除了命運或人格化的必然性之外，是否可以有別的某個上帝在管理那個使一切事物都服從必然性規律的世界呢？而這也就是那個對什麼都不聞不問的上帝，這上帝對於世界的各種規律什麼都不能改變，祂自己也服從這些規律。如果一種存在物連略微改善一下我的生活都不太願意，祂的無限的力量與我有什麼關係呢？一種存在物如果對我的幸福無動於衷，祂的無限的仁慈又在哪裡呢？如果一種存在物能夠為我想像出無限的幸福，但是甚至不關心我的切身利益，那麼祂的善意是不是我需要的呢？

五十七　宗教答應在別的世界上補償人的塵世災難的諾言是騙人的。天堂和來世生活都是幻想

當我們問為什麼有善良的上帝存在，卻還是有這樣多不幸的人時，人們就會以「我們的生活只是人進入另一個安樂世界的過渡階段」來安慰我們；人們硬要我們相信，居住的這個地球只是暫時受磨難的地方，在這裡我們應當透過一定的考驗；最後，人們用來讓我們噤聲的理由就是：上帝不會使自己的創造物，過著唯獨祂自己才享受到的、沒有欲念的和無限快

樂的生活。難道這樣的答覆可以令人滿意嗎？第一，只有這樣一種人的想像，才會讓我們相信另一種生活的存在：這種人之所以假定另一種生活的存在，只是說明他希望不死，只是說明他熱烈追求更可靠、安逸的幸福生活。第二，是否可以設想，全知的上帝雖然確切知道自己創造物的一切動機和欲望，但是還必須使他們接受這樣多的考驗才能確信這些創造物的意向呢？第三，根據我們的年代學者⑭的估算，地球已經存在六、七千年了；在整整這段時期中，各民族都經歷了各式各樣的不幸和災難；歷史告訴我們，在一切時代，暴君和掠奪者、英雄和戰爭、洪水和歉收、瘟疫以及其他等等使人類遭受的痛苦和不幸。難道這種長期考驗會使我們相信神靈玄祕的天命嗎？所有這些源源不斷的痛苦是否會使我們對人類面臨的未來命運有絲毫值得慰藉的觀念呢？第四，即使上帝眞像神學家們堅決認定的那樣善良，難道祂不奢談無限的快樂就無法給予人們能夠領受的任何一小點幸福嗎？天堂的某種極樂生活是否就是我們所需要的幸福呢？第五，如果上帝無法使人們在凡間獲得更多的幸福，我們如何能倚靠天堂呢？在那裡似乎特選者們會永遠享受某種無法表達的快樂。如果上帝無法、也不願使地球——我們唯一的居留地擺脫惡，我們有什麼根據可以期望上帝願意在我們絲毫不

⑭ 年代學者——人們這樣稱呼研究歷史事件時間的學者。霍爾巴赫這裡是指企圖賦予聖經傳說以符合事實的外貌的神學家們任意做出的計算。——俄譯本注

了解的另一世界上使我們擺脫惡呢？

兩千年以前，據拉克坦修斯⑮證明，伊比鳩魯⑯曾經說過：「或許上帝願意反對惡，但祂不會成功；或許祂能夠做到這點，但是不願意；或許祂既不願意也不可能；最後，或許祂既願意又可能。如果祂願意而不可能，則祂是無能的；如果祂能夠而不願意，則祂就表現出自己不應當有的陰險；如果祂既不願意又不可能，則祂同時就是無能和陰險的，所以祂就不是上帝；如果祂既願意又可能，那麼惡是從哪裡來的呢？同時爲什麼上帝不防止惡呢？」請看，兩千年前就有思想家在尋找這個問題的正確答案，而我們的神學家卻斷定，只有在未來的生活中我們才會對所有這些問題作出回答。

---

⑮ 拉克坦修斯（Lactantius，二四〇—三二〇年），教會作家、「教父」之一。——俄譯本注

⑯ 伊比鳩魯（Epicurus，西元前三四一—二七〇），古希臘唯物主義哲學家和無神論者。馬克思稱他爲古代基進的啓蒙思想家。德謨克利特原子論的繼承者，伊比鳩魯承認固有運動的物質的永恆性；他否定靈魂不死和來世生活的信仰，而用人們的無知舊解釋上的信仰。伊比鳩魯數量眾多的著作沒有傳到我們手上。關於他的觀點，我們主要是根據他的羅馬擁護者和後繼者卡魯斯．盧克萊修（Titus Lucretius Carus，西元前九十九—五十五年）所寫的著名詩作《物性論》來判斷的。包括對十八世紀法國唯物主義者在內的先進思想家有吸引力的伊比鳩魯學說，直到現在都受到僧侶主義的敵視。——俄譯本注

五十八　還有一個同樣荒誕的虛構

我們聽人談到各種存在物的某種等級；據說，上帝把自己的創造物安排在各種不同的階級或等級上，同時，和這種安排相適應，每種存在物都得到一定程度的快樂。根據這個十分荒誕的虛構，一切存在物，從蝸牛到天使，都享有它們可以得到的幸福。但是我們的經驗澈底駁斥了這種毫無根據的幻想。我們看到，在我們所居住的世界上，一切生物都在受苦和生活在無窮的危險中。人如果不傷害、不折磨、不毀滅他所遇到的無數生命，他就寸步難行；而同時人無時無刻也會遭到無數威脅其生命的已經預見或者尚未預見的災難。難道任何一個死亡的想法不足以破壞人最安詳的幸福嗎？人的一生含辛茹苦；為了求得他如此珍重並且視為神的最大恩賜的生存，卻片刻也不能安寧。

五十九　神學徒然企圖使上帝不具有人的各種缺點，而上帝為不自由的存在物或凶惡的存在物則是必然的

有人對我們說，世界具有它只能具有的那全部完善性，然而，因為世界和創造世界的神靈不構成一個統一的整體，就必然具有很多優點和缺點。我們回答說，如果世界必然要具

有很多缺點，則乾脆不創造上帝無法保障全面幸福的這種世界，就會更符合全善的上帝的本質得多。如果上帝像神學家們所確信的那樣，在創造世界以前身居極樂、萬世不衰，並且如果上帝不創造世界也能繼續享受這種快樂，則祂值得去勞心勞力嗎？爲什麼祂要叫人受苦呢？爲什麼祂要有人存在呢？人的命運和上帝有什麼相干呢？人的命運對上帝是有某種意義？還是根本沒有任何意義呢？如果人的存在對上帝沒有必要、也沒有用處，爲什麼要從不存在中把人創造出來呢？而如果人的存在是神的光榮所必需的，那就是說，人是上帝所需要的，因此，當地球上還沒有出現人的時候，上帝就缺少了一件東西！可以原諒粗枝大葉的或手藝不高的勞動者生產的劣質產品，因爲不管怎麼樣，他總是爲了不死於饑餓而被迫工作的；他的疏忽可以寬恕；上帝的疏忽則不能原諒。人們對我們說，上帝是自滿自足的；既然如此，爲什麼祂創造了人呢？其次，人們對我們說，上帝擁有一切可以使人幸福的條件，那麼爲什麼祂不這樣做呢？神學家們必須承認，他們的上帝不僅不是善良的，還是十分陰險的，除非假設上帝不得不只做祂曾經做過的事情，並且不可能用另一種方式去做任何事情。但是人們硬要我們確信，上帝是自由的；他們又硬要我們相信，祂是不變的；但是祂的威力表現是暫時的，祂有始點，也有終點，正如我們世界上一切有死的和短暫的存在物一樣。神學家啊！你們使上帝不具有人類各種缺點的全部努力終究是白費氣力的，在你們所有的詭辯和花招後面，仍然可以看出這個上帝有許多屬於人類的東西。

六十　要相信神靈的天意，要相信無限善良和力量無窮的上帝是不可能的

「上帝沒有權利控制自己的恩典嗎？祂不是自己善行的主宰者嗎？祂沒有權利收回自己的贈品嗎？神靈的創造物不應當要求上帝解釋自己的行爲；上帝能夠自由的處置自己親手創造的事物。上帝——這個人類的絕對統治者，可以隨心所欲的使人類幸福或者不幸。」這就是神學家們就上帝註定使我們遭受的一切苦難而安慰我們的說法。我們可以回答說，無限善良、無限仁慈的上帝不應當成爲任意處置自己恩典的主宰者，從上帝的本質說來，祂應當毫無例外的造福於自己的全部創造物；我們要指出，眞正善良的存在物不會認爲自己有權節制善行；我們要說，眞正慷慨的存在物絕對不會收回自己的贈品，凡是這樣做的人都沒有權利接受感謝，也無權抱怨不知感恩。

究竟如何使神學家們妄加在上帝身上的這種專斷行爲與要求上帝和人之間達成某種契約或相互的義務的宗教調和呢？如果上帝對自己的創造物沒有任何義務，則人們反過來對上帝也就沒有任何義務。任何宗教都是在人們有權希望從上帝那裡得到福利的基礎上建立起來的。據說，似乎上帝告訴人們：「要愛我、崇拜我、服從我，這樣我就會使你們幸福。」反過來，人們則告訴上帝：「讓我們幸福吧！那時我們就會履行自己的義務，我們就會愛你，崇拜你，並且遵守自己的法規。」由是觀之，一旦上帝藐視自己創造物的幸福，隨心所欲濫用恩典和賞賜，收回自己的贈品，很明顯的它就破壞著作爲一切宗教基礎的雙邊協定。

西塞羅[17]認為，如果上帝不滿足人的願望，祂就不能成為人的上帝。[18]神靈的本質在於善；人只是根據他所獲得的那些利益來認識這種善；一旦人變成不幸的，善在人看來就不再存在，與此同時，神靈也不再存在了。無限的仁慈和善良是與偏私和主觀好惡對立的。如果上帝無限善良，祂就應當使自己的全部創造物都有幸福；有一個不幸福，就足以使人有權推翻上帝無限善良的說法。如果存在著無限善良和絕對強大的上帝，是否可以設想有任何一個受苦的人呢？任何一個動物的痛苦，任何一個昆蟲的痛苦，都是反對天意的存在和神的無限仁慈的充分的論據。

---

⑰ 馬可・土利烏斯・西塞羅（Marcus Tullius Cicero，西元前一〇六—四十三年），羅馬政治活動家、作家和折中主義哲學家、著名演說家。他發表了許多著作和演說，包括《論上帝的本性》一書，在這本書中他雖然沒有否定上帝和靈魂的存在，卻批判了古代羅馬人的宗教。——俄譯本注

⑱ Nisi deus homini placuerit,deus non erit.——著者注

六十一　要相信神靈的天意，要相信無限善良和力量無窮的上帝是不可能的（續）

神學家們堅決認爲，我們在塵世受苦難乃是一種懲罰，因爲人們有罪孽，所以應當受到懲罰。但是人們爲什麼會犯罪呢？如果上帝是萬能的，則叫世界上到處充滿和諧，叫神靈的一切創造物都變成善良的、完美的和幸福的，對上帝又值幾何呢？難道命令這一切比說世界將會如此更困難嗎？難道上帝使自己的創造物變得不完善，比變得完善更容易嗎？莫非一切事物的不存在和這些事物的充滿智慧和愉快的存在之間的距離，比一切事物的不存在和這些事物的毫無意義的和困苦的存在之間的距離更大嗎？

宗教向我們談到地獄，談到冥世，在那裡，上帝無視於善良，爲絕大部分人準備了無窮的痛苦。總之，宗教使人們在這個世界上陷於極端的不幸，它同時預言，上帝可以使他們在另一個世界上遭受更大的災難！爲了不和神靈的仁慈發生衝突，神學家們肯定的說，在這種情況下，神靈的正義裁判就開始起作用。但是一種變得如此可怕的殘酷的善，就不能是無限的善！其次，既然無限善良的上帝後來變得無限的殘酷，那麼，是否可以認爲上帝是不變的存在物呢？如果上帝秉性殘暴、冷酷無情，是否可以在上帝身上找到任何一點點慈悲善良的心呢？

六十二 神學使上帝成為駭人聽聞的狂妄、不義、陰險和殘酷的化身，成為一種引起極大仇恨的存在物

如果相信神學家們的話，神靈的正義裁判乃是一種能夠使我們熱愛上帝的東西！但是按照他們的學說，上帝之所以創造了絕大多數人顯然只是爲了註定使他們永遠受苦。那麼只創造草木沙石，而不創造有生命的事物，不創造人這個其實際行爲能夠招致他在另一世界上受到無窮懲罰的生物，豈不更加符合神靈的善良、理性和公正嗎？上帝原來是極端不顧信義和陰險毒辣的，所以才創造第一個人，然後又引誘他去犯罪，不能把這樣的上帝看成是完善的東西，而應當把它稱爲狂妄、無義、陰險和殘酷的惡魔。神學家們不僅沒有成功的創造出一個完善的上帝，反而使上帝變成了最不完善的東西。

神學家們筆下的上帝，是可以和這樣的暴君媲美的：他命令將其絕大多數奴隸的眼睛挖掉，並且把這些奴隸全部關進監獄，而爲了尋開心，他親自暗中監視他們，其唯一目的就在於殘酷的懲罰凡是由於盲目而碰到其他盲者的人；同時，這個暴君還慷慨的獎勵少數的奴隸，因爲他替這些奴隸保留了視覺，因此這些奴隸得以不和自己的同夥碰撞。所謂**天命無常**的教條，只能使我們得到這樣的上帝觀念！

雖然人們反復不斷談到神靈無限的仁慈，但是他們的本心顯然是不會相信這一點的。如果對一種存在物毫無認識，怎麼能夠愛這種存在物呢？如果神靈的形象只能引起恐懼和驚

慌，怎麼能夠愛這種神靈呢？如果對一種存在物所說的一切只能引起極大的仇恨，怎麼能夠愛這種存在物呢？

六十三　一切宗教都力圖激起對神靈的畏縮和恐懼

許多人都不擅於找出迷信和眞正的宗教信仰之間的分界線：他們說，迷信只是一種膽怯和卑劣的對上帝的恐懼心理；眞正信仰宗教的人是信上帝的，並且衷心愛祂，但是迷信者則只認爲上帝是仇敵，絲毫不信任祂，並且設想上帝是一個嚴峻殘酷、吝賞濫刑的暴君。其實，一切宗教所傳達的上帝表象難道不正是這些看法嗎？難道人們向我們說上帝無限善良的時候，不是同時不斷反復說，上帝的脾氣極端暴躁，祂只對極少數人才濫用恩典，而殘酷懲罰所有祂認爲不值得寬恕的人嗎？

六十四　在宗教和最盲目、無知的偏見之間沒有任何實在的區別

如果我們根據所有這些認識，像觀察善惡不分的自然界中的一切現象那般的觀察上帝，我們必然會發現，這種上帝是古怪和無常的，祂時而善良、時而殘酷，視我們是否幸運而定；也正因爲如此，這種上帝無法使我們愛祂，只能引起我們對祂的不信任、恐懼和擔

心。所以說，崇拜這種上帝和最盲目、無知的偏見之間沒有任何區別。如果信仰宗教的人僅僅看到上帝的好的一面，則迷信者就只記住祂最可惡的屬性。一種人陶醉於自己的狂妄，另一種人則陷入憂鬱和煩惱；而這兩種人都是同樣的荒唐。

六十五　如果相信神學的上帝觀念，就不可能愛上帝

根據我從神學中所得到的上帝觀念，在我看來上帝就是一種無法令人愛戴的存在物。虔信者硬要我們相信他們衷心熱愛上帝，這些虔信者或者是撒謊、極狂妄的人，對上帝那些只能引起驚慌和恐懼的一切特性和行爲視若無睹。既然上帝生性殘酷，能夠使我們遭受永世的詛咒，對這樣的上帝怎麼可以沒有畏懼呢？

對上帝也談不上爲人子般的畏懼，即人們在上帝面前理應感到的、由於敬愛而引起的畏懼。如果父親居然使兒子受到最難堪的折磨，爲了最小的過錯就懲罰他，則任何兒子都不會愛這樣的父親。世間沒有一個人會有絲毫愛上帝的感情，因爲上帝註定要使全部創造物中百分之九十九遭受永世的和無法忍受的痛苦。

六十六　神學家創造了一個乖戾的、以殘酷爲樂事的暴君

發明永世的地獄苦難這個教條的人們把上帝變成了一種最可恨的東西，但是他們同時又堅定的認爲這個東西是無限善良的。我們認爲人們的殘酷性是兇惡的最高表現；世界上任何一個稍有感情的人，即使聽到最大的兇手和罪犯受到的那些苦難故事，也肯定會震驚和激動；無過受罰的殘酷行爲當然會更加令人痛恨。即使如卡利古拉⑲、尼祿⑳、多米提安㉑諸輩嗜殺成性的暴君們，也還有某些理由才折磨手下的犧牲者和毒辣的譏笑他們的痛苦；他們之所以要這樣做，不是出於本身安危的考慮，就是因爲渴望報復，或者是希望用殘酷手段儆戒其他的人，也許甚至是由於虛榮心作祟，想炫耀一下自己的權威和滿足渴望看熱鬧的群

---

⑲ 蓋烏斯·凱撒·卡利古拉，羅馬皇帝（西元三十七—四十一年）。特點是極其殘酷和恣意妄爲，他要求自己得到上帝般的尊敬。爲了敗壞共和政體殘餘設施的威信，他把自己的馬牽進元老院，並在那裡宣布他進位執政官。被禁衛軍陰謀分子——皇帝警衛隊士兵所殺。——俄譯本注

⑳ 克勞狄烏斯·尼祿，羅馬皇帝（西元五十四—六十八年）。以異常殘酷著稱，比如弒母殺妻，他被羅馬軍團士兵們所推翻，隨後令其自殺。——俄譯本注

㉑ 提圖斯·弗拉維·烏斯·多米提安，羅馬皇帝（西元八十一—九十九）。多疑和專制，爲陰謀分子所殺。——俄譯本注

眾。在這些動機中又有哪一條適用於上帝呢？上帝使那些激怒祂的人們遭受痛苦，祂懲罰絲毫無法動搖其威力，也絲毫無法破壞其安靜的快樂的那些存在物。另一方面，來世的苦難並不能成爲在生者的高抬貴手，因爲這是他們看不到的，地獄的苦難對於罪犯本身來說也是不起作用的，因爲他們在地獄裡已經無法改過遷善，因爲他們已經放過了及時博得神靈恩顧的機會。由此可知，上帝在執行其永久懲罰的判決時，除了逗弄和嘲笑其可憐的創造物以外，沒有任何其他的目的。

我以全體人類爲證。世間是不是有一個最殘酷的人，可以無緣無故就冷酷無情的折磨任何生物呢？更不用說去折磨自己的同類了。何況他對犧牲者既不感到任何興趣，也沒有任何擔心呢？由是觀之，根據同一神學的教條可以得出：上帝是一種較諸最凶惡的人更加殘酷無比的存在物。

或許人們會對我說，無窮的侮辱當受無窮的懲罰。我要回答說，侮辱永世身居極樂的上帝是不可能的；其次，我要說，有死的存在物給予的侮辱不能永遠持續下去；而且不願意受人侮辱的上帝也不會允許人們永遠繼續受祂的欺負；我要說，無限善良的上帝不能同時又是無限殘酷的，祂絕不能註定使自己的創造物永遠存在，以便達到永遠折磨他們的唯一目的，並以此爲樂。

只有最野蠻的殘忍性格、最卑鄙的貪財心理、最盲目的虛榮觀念，才能孕育出永恆的地獄苦難這一教條。如果眞有能夠加以侮辱和唾罵的上帝，世間褻瀆神靈的人，不會比說上帝是永遠以無謂的折磨自己弱小的創造物爲樂事的、荒淫腐化的暴君的人更多。

六十七　神學只是一連串明顯的矛盾

據說，人的行爲能夠侮辱上帝，這就無異於撤銷神學家企圖使我們接受的那一切上帝觀念。說人可以破壞神靈的世界秩序，使自己的上帝生氣，打亂上帝的計畫和意圖，這就無異於說，人比上帝更強大，人可以控制上帝的意志，無異於說，人可以影響神靈的仁慈，而使仁慈變爲殘酷。神學的專門任務只在於右手破壞左手做的事。如果所有的宗教教條都建立在時而生氣、時而愛撫的上帝的基礎上，則這些教條的基礎顯然是一種明顯的矛盾。

所有的宗教一致讚美上帝的智慧和威力；但是只要這些宗教開始說明上帝的行爲，我們就會遇到不明智、沒有遠見、軟弱無能和輕率的特點。人們說，上帝曾經爲自己創造了世界，但是它迄今都未能使自己受到應有的尊敬！似乎上帝創造出人是爲了在祂統治的世界上住滿對祂極力讚揚的臣民；但是我們看到，人們的唯一行動，就是不斷的舉行反對自己上帝的起義！

六十八　所謂神靈的創造物一點也無法說明神靈的完善性

人們反復不斷的向我們談到上帝的完善性，只要我們要求證據，他們就把神靈親手創造的事物指給我們看，彷彿這種完善性就體現在這些創造物身上。但是所有這些創造物都是不完善的和壽命不長的；向來都被看成上帝的傑作、最驚人的創造物——人，滿身缺點，這些缺點使得創造人的萬能巨匠對他很是生氣；這個驚人的創造物有時會變成使創造者本身無法忍受和討厭的東西，最後創造者也不得不把它丟進火裡。但是，如果在上帝所創造的一切事物中連最好的東西都是不完善的，則我們有什麼根據可以判定造物主本身的完善性呢？巨匠本人都不滿意的作品，未必能夠使我們稱讚這巨匠的技藝。人忍受著無窮的痛苦和無數的疾病；人的靈魂充滿著各種惡念；可是有人卻極端氣憤反復對我們說，人是最完善的存在物，人是神靈全部創作中最美妙的創作！

六十九　神靈的完善性也無法像天使和無形體的精靈那樣可明顯的看出來

看來，上帝在創造比人更完善的存在物方面也沒有獲得更大的成功，祂沒有爲自己的完善性提供更有說服力的證據。我們不是知道許多宗教都談到天使、無形體的精靈怎樣反抗自己的主人，甚至企圖推翻祂的寶座嗎？上帝有使天使和人得到幸福的意圖，卻不能給予他們幸福；完善的創造者的意志總是與自己創造物的傲慢、陰險、罪過和惡德相矛盾。

七十　神學的唯一作用就在於宣傳上帝萬能的同時暴露上帝的無能

任何宗教顯然都是建立在謀事在人成事在天那種原則的基礎上的。全世界的神學家都向我們敘述神靈和神靈創造物之間力量懸殊的交戰。儘管上帝是萬能的，祂絕對不能不失尊嚴的取得這場戰爭的勝利；祂不可能成功的使自己親手創造的事物變成祂所希望於他們的那個樣子。

宗教之荒謬眞是登峰造極至無以復加了，它硬說，爲了改造人類，上帝自己甚至甘願死去[22]；儘管上帝作了這種犧牲，人們依然一點也不像上帝希望他們變成那種樣子的存在物！

七十一　所有的宗教體系都把上帝描繪成一切存在物中最任性、最狂妄的存在物

不可能設想再有比凡間一切宗教迫使上帝扮演的那種角色更加荒唐的事情了。如果可以相信這些宗教，那就得承認，他們的上帝是各種存在物中最任性、最狂妄的存在物，那就得

㉒ 指基督教。——俄譯本注

承認上帝過去之創造世界，只是爲了建立一個舞臺，以便與自己的創造物進行極不光彩的戰爭，那就得承認上帝過去之創造天使、人、魔鬼、兇惡的精靈，只是爲了把他們當作敵人，以便在和他們交戰時能夠顯示自己的威力。上帝使自己的創造物可以自由的侮辱祂；上帝使他們變成陰險的存在物，以便他們可以破壞祂的計畫；上帝使他們具有頑梗固執的性格，同時這一切都只是爲了動輒生氣，並以此爲樂，然後平靜下來，與他們妥協，以便改正他們所犯的全部罪惡。如果上帝一開始就使自己的創造物具有合乎自己心意的各種性格，祂該要免掉多少麻煩啊！這無論如何總會使神學家多少容易對付些！

總之，如果相信世界上的一切宗教，上帝所從事的工作就只是使自己成爲惡的原因；上帝的行爲與某個弄傷自己以便有機會向觀眾展示自己油膏的功效的騙子的行爲眞是如出一轍！但是我們迄今還不能看出，上帝能夠澈底根除人們在上帝自己的允許下給上帝造成的那種惡。

七十二　硬說惡的根源不在上帝是極端荒謬的

上帝是萬物的創造者，但同時，人們硬要我們相信，惡的根源不在上帝。那麼，根源在哪裡呢？在於人嗎？又是誰創造了人呢？是上帝！因此上帝也就創造了惡。如果它不把人創造成我們今天所看見的這個樣子，道德上的惡或罪就不會在世間存在了。所以說，只有上帝才應該對人的不道德行爲負責。如果人有爲惡和侮辱上帝的能力，那我們必須斷定：上帝希望受侮辱；上帝創造人的預定目的，完全在於使人具有爲惡的能力；否則人就會是一種與人得以存在的那個原因相反的結果。

七十三　妄加在上帝身上的預見，使得受到上帝懲罰的罪人有權責備上帝秉性殘酷

說上帝有預見的能力，無異於說上帝應當預先知道世界上發生的一切事情；但是這種預見絕對不能使上帝成爲可敬的，也不能使祂不受人們完全合理的向祂提出的那些譴責。要知道，如果上帝知道未來，難道祂不能預見自己的創造物（創造出來爲了享受快樂）會陷於罪孽嗎？如果這種陷於罪孽是上帝預先的計畫，那就是說，上帝自己希望如此。如果神靈之預見陷於罪孽是必不可免的，當然可以得出結論說，上帝由於自己的公正性而不得不懲罰有罪的人。但是既然上帝有預見未來和預先決定未來的能力，難道祂沒有給自己規定如此嚴峻的法律的自由嗎？難道上帝不能乾脆不創造那些會迫使上帝不得不加以懲罰和根據後來頒布的法規，而招致神靈懲罰自己的存在物嗎？但是上帝根據成爲自己預見的基礎法規，而預先決定人們是否幸福，與上帝根據自己進行正義裁判以後所頒布的法規，而預先決定人是否幸

福，有什麼分別呢？難道頒布這些法規的時間和情況，能夠對不幸者的命運有所改變嗎？難道在這兩種場合下人們沒有合法的權利抱怨上帝嗎？要知道上帝是能夠不把人們從不存在中創造出來的，要知道上帝雖然預先知道正義裁判遲早會逼使自己懲罰人們，而終於還是創造了人們。

七十四　神學關於原罪和撒旦的胡謅是毫無根據的

你們說：「人剛從造物主手上產生的時候是純潔、完美和善良的；後來他的本性就墮落了，因爲有罪孽而受到懲罰。」但是要知道，如果人剛從造物主手上產生以後就能夠犯罪，這就是說，他的本性那時就已經是不完善的了！爲什麼這個上帝同意人犯罪，同意他的本性走上邪路呢？既然上帝深知人非常軟弱，經不起誘惑的考驗，上帝爲什麼要去引誘他呢？爲什麼上帝創造了撒旦這個陰險的惡魔、這個誘惑者呢？爲什麼如此希望人類幸福的上帝不一勞永逸地把所有那些必然要與我們的幸福作對的惡魔消滅掉呢？或者更正確些說，爲什麼上帝創造了這些惡魔呢？上帝本來應該要預見到這些惡魔會對人類產生可怕的影響、他們會戰勝人類。最後，爲什麼世界上所有的宗教中惡始終以某種註定的原因取得對善和上帝的勝利呢？

七十五　無論撒旦或宗教都是爲了僧侶階級發財致富而虛構出來的

有個故事是講述一位厚道的義大利神父使他的善良心靈獲得光榮。但是這個人在傳道的時候認爲自己必須告訴教徒群眾，說他經過長期的思考，最後謝天謝地，才想出了一個使一切人都幸福的可靠辦法。他說：「魔鬼之引誘人只是爲了使自己在地獄裡的同伴都成爲不幸的；向掌管天堂和地獄鎖鑰的教皇祈求吧！請他率領全體信徒們禱告上帝，求上帝與魔鬼講和，求上帝把自己的恩典和原有的職銜賜還給魔鬼吧！這樣一定會使魔鬼停止其反人類的一切陰謀。」這位心腸善良的僧侶顯然沒有料到，在任何情況下魔鬼之爲僧侶階級所必需並不亞於上帝；神父們從上帝與魔鬼之間的交戰中確實取得極其豐厚的利益，所以不會同意這兩個敵人的講和，因爲他們的生存和他們的收入就是建立在這兩個敵人的戰爭上。如果不再引誘人們，如果人們不再犯罪，則僧侶和教會就沒有存在的必要了。顯然，摩尼教[23]是一切宗教的基本核心；但是爲了使上帝不受處心陰險的譴責而想像出魔鬼來，這就令人信服的證明

---

[23] 摩尼教，三世紀波斯產生的宗教學說，類似古波斯宗教祆教，也類似最初基督教團體中通行後來被教會作爲異教否定的學說諾斯替教。摩尼教徒的學說中的基本問題是惡的起源問題，他們把惡解釋成世界上善惡兩極經常衝突的結果。摩尼教影響了基督教關於上帝和惡魔的交戰、關於天堂和地獄的二元論觀念。霍爾巴赫談到了摩尼教是「一切宗教的基本核心」時指的就是這個。——俄譯本注

魔鬼的這個神聖對手是軟弱無能的和愚蠢得事事失敗的。

七十六　如果上帝不能使人的本性變成無罪的，祂就沒有權利因爲人們的罪孽而懲罰他們

據說人的本性必然會墮落，上帝不能使人變成無罪的，因爲唯獨神靈才不可或缺的具有這種屬性。但是如果上帝不能使人成爲無罪的，則上帝爲什麼當眞要創造這些人們呢？要知道他們的本性必然是變壞了，因此，他們同樣必然會侮辱上帝。另一方面，就算上帝本身不能使人成爲完美的，但是祂究竟根據什麼道理可以因爲人們的罪孽而懲罰他們呢？顯然，只是根據強權。強權者，暴力之謂也；而暴力則不是最公正的存在物所應有的。如果上帝因爲人們沒有神靈那樣的完善性或者不能成爲像上帝那樣的神靈而懲罰他們，祂就表現了最大的不公正。

難道上帝不能使人們具有他們本性所固有的任何一點完善性嗎？即使某些人是善良的和合乎上帝心意的，則上帝爲什麼不施恩於其他的人們，不給予全體人類同樣性格呢？爲什麼壞人的數目遠超過好人的數目呢？爲什麼上帝每有一個朋友就會有一萬個敵人呢？其實唯獨上帝可以自由的決定使世界上盡住著好人。如果上帝的確在天國要求自己周圍都是聖徒、特

選者和終生都按照上帝的意志生活的人們，則當上帝的周圍是全體人類，而所有的人還在創造的時候，就具有達到永恆快樂所必需的各種品質時，上帝周圍的人們該會多到什麼程度呢？而他們又會多麼可敬啊？最後，乾脆不把人從不存在中創造出來，比從不存在中把一種充滿各種缺點、起來反抗自己的創造者、並且經常冒著生命危險而濫用自由這個致命的贈品的存在物創造出來，不是更簡單些嗎？

上帝不要創造人，而應當創造一些溫柔和順的天使。有人說，天使是自由的；有些天使犯了罪；但是畢竟不是所有的天使都濫用過自己的自由，也不是所有的天使都起來反抗自己的創造者。難道上帝不能只創造完美無瑕的天使嗎？而且如果上帝創造過不會犯罪的天使，爲什麼上帝不能也創造絕不會利用上帝所給予的自由來作惡的無罪的人呢？如果神靈的特選者不能在天國犯罪，爲什麼上帝不能使人們在凡間成爲無罪的呢？

七十七　所謂上帝的行爲對人說來始終應當是祕密，而且人沒有權利批評和判斷上帝——這種論斷是極其荒謬的

神學家們一有機會就反復的說上帝和人之間有很大的距離，這種距離的必然結果是，上帝的行爲對人而言是一種祕密，而且我們沒有權利要求我們的統治者解釋自己的行爲。這樣

的說明令人滿意嗎？如果，用同一些神學家的話說，這裡所談的是我永恆的快樂，難道我沒有權利批評（哪怕是上帝自己的行爲）嗎？要知道，全體人民之所以倚靠上帝和服從祂的意志，只是因爲他們期望獲得快樂！只是由於恐懼人們才屈服的暴君、不可能向祂提出問題的統治者、誰也不能接近的君主，是不會受到有理性的存在物的崇拜的。如果上帝的行爲對我說來是一種祕密，祂與我就毫不相干。任何人都不可能稱讚、崇拜、尊敬和模仿他無法理解而且往往只能引起他的憤怒的行爲；人們也許只是要我們相信，似乎應當崇拜一切不可了解的東西和僅僅由於這種不可理解才妙不可言的東西。

神父們啊！你們不斷的要我們相信：天主的道路是不可預知的；**上帝的道路不是我們的道路；上帝的思想不是我們的思想**；埋怨我們根本不知道其原因和目的的、上帝的法規乃是狂妄的行爲；只是因爲我們不了解這些法規就說這些法規不公正，那是不理智的。但是，當你們這樣說的時候，你們自己就收回了你們只預備用來說明我們無法理解的（像你們自己所確信的那樣）天意的全部深刻的原則，這難道不是很明顯的嗎？由是觀之，你們自己仍是了解上帝的法規、意圖和道路的嗎？但是你們不敢肯定的這樣說；而無論你們如何思考過所有這些問題，你們對它們並不會比我們弄得更清楚。如果你們眞的用某種神奇的方法認識了使我們嘖嘖稱讚的神靈的預定，同時我們絕大多數人都認爲所有這些計畫和法規都是與公正、善良和理智的存在物不相稱的，則是否可以肯定認爲，它們是不可理解的呢？如果你們像我們那樣一無所知，你們就應當對所有那些衷心承認自己無知，並且認爲在他不了解的事物中毫無神靈在焉的人採取比較寬容的態度。不要再念念不忘於你們毫不了解的那些信念；不要再爲那些不可能有任何證明的幽靈和理論而互相屠殺；請向我們談談可以理解、而且的確是人所需要的事物；不要再反復談論天主的不可預知的道路，關於這些道路，你們不可能說出任何道理來，而且會步步都自相矛盾。

神學家們反復不斷的向我們談到神靈智慧的無比深刻性，卻禁止我們去研究這些深刻的智慧。他們把我們用自己薄弱的理性來判斷上帝的合理要求，稱之爲粗魯無禮的行爲。在他們看來，對我們這位神聖的統治者的任何批評都是犯罪的行動。這樣一來，他們就剛好暴露出他們沒有絲毫能力說明上帝的行爲，而他們之所以讚美上帝的行爲，只是因爲他們自己無法把這些行爲認識清楚。

七十八　稱上帝爲正義和仁慈的存在物是極其荒謬的

一般都認爲人們的一切肉體痛苦乃是對他們的罪孽的一種懲罰。貧困、疾病、饑餓、戰爭、地震……所有這些，都是上帝用來懲罰壞人的手段。總之，神學家們毫不猶豫的把所有這些災難妄加到雖然秉性嚴酷卻是善良公正的上帝身上。但是我們看到，同樣的災難如何一視同仁的打擊著好人和惡人、反對宗教者和篤信宗教者、無罪的和有罪的人。我們怎麼能夠認爲這一切都體現著一提到祂的名字，備受壓迫的人就會感到安慰的那種存在物的正義裁判和仁慈呢？如果這些備受壓迫的人忘記他們的上帝正是這個世界的全部創造物的唯一原因和來源，可以想像得到，他們的理性由於經歷了各種災難而變得糊塗了。他們怎麼會不懂得，他們因以向上帝尋求安慰的所有那些災禍正是來自上帝呢？不幸的父親啊！當作爲你的幸福所在的最心愛的妻室兒女死於非命的時候，你卻向上帝尋求安慰！唉！難道你看不見你的上帝從你身邊把他們奪走了嗎？正是你的上帝使你變成了不幸的人；而你卻期待在上帝給予那些可怕的打擊時能安慰你！

神學家們用離奇的和超自然的觀念相當成功的剝奪了人們的理智，剝奪了他們對最簡單的、最明顯的和自然的事物的理解力，竟使不可能譴責上帝陰險毒辣的虔信者，甚至習慣於認爲最悲慘的命運波折不可辯駁的證明了神靈的仁慈。神學家們憂心忡忡的命令人們相信，上帝愛他們、上帝與他們同在、上帝在考驗他們。於是宗教就順利的把惡變成了善！一位詼諧家很機智的說過：「如果全善的上帝這樣對待祂所愛的人，我懇請祂最好不要想起我。」

如果人們自信最可怕的不幸、最痛苦的考驗是神靈仁慈的表現，他們該把那號稱全善的上帝設想得何等的嚴峻和殘酷啊！任何窮凶極惡的妖魔鬼怪都沒有爲自己的仇敵設想出這麼經常的使自己心愛的創造物遭受殘酷考驗的、全善的上帝所發明的那些折磨人的辦法！

七十九　對自己本來能夠預防的罪孽進行懲罰的上帝，是既失掉理智也失掉正義感的狂人

如果某個父親經常關懷自己孤立無援的和舉止輕浮的子女的健康和幸福，卻讓他們在沒有照管的情況下徘徊於峭壁、深淵和急流之間，很少制止他們不合理的奇怪念頭，不採取任何預防措施就讓他們冒著殘害自己的危險，玩弄能置人於死地的武器，對於這樣的父親我們有什麼可說的呢？如果一個父親對自己子女的一切過失，不是引爲己咎，反而企圖用最殘酷的手段來懲罰他們，對於這樣的父親我們有什麼可說的呢？我們有充分的理由把這樣的父親稱做既沒有正義感，也沒有理智的狂人。

同樣，如果上帝對自己本可預防的過失實行懲罰，則這上帝就會是一種失去理性、良心和正義感的存在物。如果上帝具有全知的才能，祂就會預先不讓惡發生，從而避免懲罰的必要性。如果上帝創造了人，又如果上帝是公正的，則祂就不能因爲沒有給這個人足夠的力量，可以抵制自己的欲望而懲罰他。硬說上帝甚至會由於人們在塵世上的過錯而懲罰他們，豈不等於是誹謗上帝嗎？對上帝本來能夠加以改造，而且如果失去這種神恩，就不能有另一種行動方式的那些存在物實行懲罰，是否公正呢？

根據神學家們自己的種種原則，一個人處在像我們今天所看見的那種不道德的社會環境

下，他就只能爲惡，因爲他沒有神靈的天恩，所以不能爲善。總之，如果放任自流的和失去神助的人類本性必然使人爲非作惡，或者必然使他不能爲善，則自由意志能有什麼意義呢？根據這樣一些原則，人既不能是有罪的，也不能是無罪的；上帝獎勵人只不過是獎勵自己；上帝懲罰人，則是因爲沒有用自己的神恩啓迪過他，而沒有神恩，人就不能變得比他現在更好一些。

八十 自由意志是一種不現實的幻想

神學家們不斷重複說人是自由的，雖然他們的全部原則都跟這種自由背道而馳。他們希望替神靈作辯護，實際上卻在譴責它最惡毒的不義行爲。他們認爲，人沒有神恩必然會爲惡；同時，他們又肯定說，上帝之所以懲罰人，是因爲他拒絕接受祂的神恩，所以也就拒絕了爲善的可能！

不難理解，人的任何行爲舉止都是不自由的；不難理解，甚至根據神學家們的概念，人的自由意志也是一種純粹的幻想。難道選擇什麼樣的父母是由人決定的嗎？難道人是否接受自己的父母或教育者的信念是由他決定的嗎？如果我的父母是偶像崇拜者或是回教徒，難道做一個基督教徒，會是我決定的嗎？但是神學家們硬要我們相信，上帝會殘酷無情的懲罰所有它沒有用自己的神恩進行教育、從而不可能接受基督教的人！

人出生於什麼環境是不由他選擇的；也沒有誰被問過是否願意來到人間；大自然沒有就選擇祖國和父母向他徵求過意見；他所獲得的任何正確或錯誤的信念、表象和意見只是他所受教育的必然結果，而受何種教育則不由他選擇；他的任何欲念是他的性格的必然結果，而人的性格則是由人的本性和他所接受的信念決定的；人一生的欲望和行爲都是由人不能自由選擇的那些交往、習慣、職業、娛樂、言談、思想所預先決定的。換言之，人一生的欲望和行爲都是由他的意志不能自由改變的無數事件和偶然性預先決定的。人沒有能力未卜先知，他既不知道在某個特定的時刻有什麼欲望，也不知道下一分鐘會做什麼。人從生到死，沒有哪一個瞬間是自由的。

你們會說，人有欲望的感覺，他能思考、進行選擇、作出決定；你們又從此得出結論說，人是自由的。的確，人有欲望的感覺，但他不能成爲自己的欲望或意志的主人；他不能希望或追求他認爲不利於自己的東西；他不能愛受苦而恨享福。我們聽說，人有時會寧願放棄快樂而追求痛苦；但是人之所以寧願要暫時的痛苦，只是想借此獲得更牢固、長久的快樂。由此可見，追求更多的幸福必然使他放棄較少的幸福。

然而戀愛的男子會使自己心愛的女子具有使他心醉神迷的種種特徵；也就是他不能自由的愛或不愛自己情欲的對象；他既不能控制自己的想像，也不能控制自己的性格。由此顯然應當得出結論說，人不能支配他內心所產生（完全不以人爲轉移）的各種欲望和意向。但是，你們會說，人可以克服自己的欲望，因此他是自由的。當使人厭惡某種對象的原因壓倒使他追求這個對象的原因時，人就克服自己的欲望；在這種場合狀態下他並且必然要克服自己的欲望。害怕喪失名譽或懲罰的痛苦，勝過愛金錢的人，必然會與奪取他人的金錢的欲望進行交戰。

在思考的時候我們是否自由呢？然而難道我們可以自由的知道或不知道什麼、確信或者懷疑什麼嗎？思考是我們對行爲的結果沒有信心的必然產物。只要我們對這些結果有了信心，或者我們可以確信這些結果，必然就會立刻作出某些決定；於是不管我們的決定是否正確，我們的行動仍然是以必然性爲根據的。我們的錯誤或正確的判斷是不自由的；這些判斷必然以我們從外部接受的或我們的悟性所產生的某些表象爲轉移。

人作選擇時同樣也是不自由的；他之所以選擇認爲對自己有利或使自己愉快的東西是理所當然的。當他不作選擇時，他還是不自由的；在人不認識或者以爲自己不認識供他選擇的某個對象的屬性以前，或者在人沒有斟酌自己行爲的結果以前，他就不得不放棄選擇。你們會說，人時刻都決定採取明知對他有害的行爲；人有時也自殺；這就是說他是自由的。不對。難道人的推論正確與否是自由的嗎？難道他的理性、智慧不是依賴於他身上形成而來的信念，或者依賴於他的心性狀態嗎？而既然人的信念和心性都不能由人自主，所以這也不能成爲人有自由意志的證明。

「如果我打賭做或不做某事，難道我不是自由的嗎？難道以某種方式行動不是由我決定嗎？」我回答說，不然，賭贏的快樂必然預先決定你們去實現某種行爲。「試問，要是我同意賭輸呢？」那就是說，向我證明你們有自由意志的欲望成了比賭贏的欲望更強烈的動機；在這種情況下，這個動機仍舊必不可免的預先決定著你們剛才說到的某種行爲。

你們說：「但是，我還是感到自己是自由的。」這是一種幻想，這種幻想正像寓言裡那隻蒼蠅的信心一樣，蒼蠅坐在轅杆上，就自負是駕駛著馬車。總之，凡是自認爲自由的人，只不過是一隻把自己設想成宇宙支配者的蒼蠅，雖然蒼蠅本身事實上完全服從於宇宙的規律，不過自己並不知道。

我們的內在信念使我們相信，我們自由的實現某種行爲，但是這種信念是十足的幻想。如果我們能夠用心探討行動的眞實動機，我們就會相信，這些行動永遠只是欲念的必然結果，而這些欲念則絕對不能由我們自由控制。你們自以爲是自由的，因爲你們做的一切，都是你們所希望的。你們是否自由的希望或不希望、願意或不願意呢？你們的欲望和意向不是絲毫不由你們做主的各種事物或屬性所引起的嗎？

八十一　從說過的話中不應當得出社會無權懲罰壞人的結論

「如果人的行爲受必然性的制約，如果人是不自由的，則社會有什麼權利可以懲罰損害社會成的壞人呢？對人們不得不實現的行爲加以懲罰是否公正呢？」如果壞人必不可免的要做壞事，因爲他們的本性就是惡的和壞的，則從社會方面說，對這些人進行懲罰，同樣是根據必然性，因爲社會力求自衛。某些事物必然產生痛苦；自然我們的本性就會驅使我們敵視這些事物，並且力求避免它們。老虎迫於饑餓向人猛撲過來，要吃掉人，這時人不能隨心所欲的抑制自己的恐懼，而也必須不可免的要設法殺死老虎。

八十二　反駁主張意志自由的各種論據

「如果在這個世界上一切都服從必然性規律，則人們的謬誤、信念和表象同樣是必不可免的；而在這種狀態又有什麼根據可以致力於人的改造呢？」人們的謬誤是他們無知的必然結果，人的無知、他的固執、他的輕信，則是人沒有經驗、輕率和不願意用腦筋的必然結果；正如說夢話或嗜睡症是某些疾病的必然結果一樣。眞理、經驗、思考、理性，這些就是能夠醫治無知、宗教狂和狂妄的有效藥，正如放血可以醫治充血病一樣。你們會說，爲什麼眞理沒有對許多不理智的頭腦發生影響呢？因爲存在著無藥可治的疾病；因爲不可能醫治拒絕服藥的頑固派；因爲人們的貪欲和愚蠢無可避免的驅使他們不承認眞理。

任何原因都只有在沒有其他更強大的原因與之對抗，從而削弱甚至完全取消前一原因的作用的條件下，才會產生一定的結果。根本不可能迫使熱衷於自己的謬誤、對眞理抱有成見、不願意轉動腦筋的人承認最令人信服的論據；必須說服有良心的、衷心追求眞理的人，並且使他們從謬誤中走出來。眞理在於：一種原因如果沒有其他更強大的原因和影響妨礙這原因發生作用，就必然會產生結果。

八十三　反駁主張意志自由的各種論據（續）

人們對我們說：「取消人的自由意志，人就會變成沒有靈魂的機器；沒有自由，無論人的美德或優點都是不可思議的。」然而什麼是人的優點呢？人的優點表現在一定的行爲中，這種行爲應該使他受到同類的尊敬。什麼是美德呢？是造福他人的一種愛好。是否可以輕視能夠產生如此理想的結果的機器呢？馬可．奧理略㉔是羅馬帝國這部龐大機器上的一根極其有益的彈簧。一部機器有什麼理由要輕視幫助它工作的另一部機器呢？好人，這是機器合用的零件，他們說明社會去追求幸福；壞人則是不合用的零件，他們妨礙社會機器的正常運轉和工作。自然，社會熱愛和獎勵好人，同時也會痛恨、輕視和驅逐壞人，因爲壞人是機器中無益而且有害的零件。

㉔ 馬可．奧理略．安東尼，羅馬皇帝（西元一六一——一八〇年）和哲學家、斯多噶派傑出代表，他的學說影響了早期基督教的思想體系。——俄譯本注

八十四　如果上帝曾經存在的話，甚至上帝本身也不是自由的；由此可見，不需要任何宗教

世界服從必然性規律，而遍布世界的一切存在物都是互相聯繫的，而且不得不像它們現在這樣進行活動，因爲它們被相同原因所推動和具有同樣屬性。如果它們失去這些屬性，它們的活動必然會是另一種樣子。

甚至上帝本身（姑且假定上帝存在）也不能看作是一種自由的力量；如果上帝存在過，祂的行爲必然會預先爲祂的本性所固有的各種屬性所決定。所以沒有任何東西可以控制或改變上帝的意志。根據這個原理，可以說，我們的任何活動、任何祈禱或祭品都無法停止或改變上帝預定目的的實現；由此可以直接得出結論——一切宗教都是完全沒有益處的。

八十五　神學本身就證實，無論哪一個瞬間人都不可能是自由的

如果神學家們不與自己的教條不斷發生矛盾，他們就不得不承認，無論何時都不能認爲人是自由的。難道沒有假定人永遠都要依賴於上帝嗎？如果沒有上帝的意志，我們就不能生活，就不能維持自己的存在，或者說自己就會不存在，難道我們有權認爲自己是自由的

嗎？如果上帝把人從不存在中產生出來，並且在人的整個一生中不斷的關懷人，如果上帝一分鐘也不會忘記自己的創造物，如果與人一起產生的萬事萬物都是神靈意志的結果，如果人本身沒有任何能力，如果人所經歷的一切事件都是神靈的法規的結果，如果人沒有天賜的神恩就不能做成任何一件善事，如果這樣，怎麼可以假定在任何一個瞬間人可能是自由的呢？如果上帝無意於在人犯罪的那個時刻保存人的生命，人就不能犯罪。如果上帝終究保存人，那就等於是說上帝強迫人存在的目的在於使人犯罪。

八十六　只能把一切惡、混亂、罪孽都歸咎於上帝，因此，上帝既無權懲罰，也無權赦免

人們總是拿上帝與君主相比較，而將絕大多數人與起來反抗自己的統治者的臣民比較；同時大家都認爲，上帝有權獎勵繼續忠於自己的臣民和懲罰暴動分子。這種比較，從頭到尾都是錯誤的。上帝所管理的機器的一切零件都是上帝自己創造的；一切零件都只遵照上帝自己預先爲它們決定的職能而活動；因此，如果這些零件妨礙機器的正常運轉，則過錯就只在裝配這部機器的匠師身上。上帝是這樣一位君主，爲自己創造了臣民，並且創造了自己所喜歡的那種臣民，因爲沒有任何東西能夠違抗上帝的意志。如果在上帝統治下的國家裡有暴動

分子，那就意味著上帝自己希望有這樣的暴動分子。如果人的罪惡破壞神靈的世界秩序，那就意味著上帝自己希望破壞它。

沒有任何人敢懷疑神靈的公正性。但是在上帝統治的世界，我們只會遇到不公正的和暴力的行爲。一切民族的命運都是由強力決定的；可以認爲，公正性從地球上被驅走了；處處都有一小撮人安然無恙過著舒適的生活，擁有財產、自由和其他一切人的生命。在無限熱愛和諧和秩序的上帝所管理的世界上，到處都是一片亂七八糟的景象。

八十七　人們讚揚上帝的祈禱詞，證明他們不滿意神靈的世界秩序

雖然人們不斷稱讚上帝的智慧、仁慈和公正以及神靈的世界秩序，實際上他們未曾滿意過；人們不斷讚揚上帝的祈禱詞，證明他們絲毫不滿意於神靈的天命。難道向上帝請求什麼，不是意味著懷疑上帝的始終不倦的關懷嗎？難道禱告和請求上帝預防或停止某種惡，不是意味著干涉上帝的正義裁判嗎？祈求上帝援助不幸，不是意味著向不幸的造因者請求改變並不符合我們的利益的天意嗎？

凡是樂觀主義者，凡是認爲**這個世界上的一切全都美好**並且不斷宣稱我們生活**在最好的**

世界上㉕的人，如果希望貫徹始終，就不應當祈禱；其次，他也不應當嚮往另一個世界，說人在那裡會生活得更好。難道有另一個比我們這個最好的世界更好的世界嗎？

有些神學家把褻瀆神的人稱做樂觀主義者，因爲這些人認爲上帝不能創造和我們這個世界相似的任何其他世界；這種論斷在神學家看來，是對神靈的褻瀆和侮辱。但是這些神學家怎麼會看不到，認爲能夠創造最好的世界的上帝竟如此陰險的使世界變成極不完善的東西，比斷定彷彿上帝在創造我們這個世界的時候就做好了祂能夠做到的一切事情，侮辱得更多呢？如果說樂觀主義者的信念就是對神靈萬能的侮辱，則一面稱樂觀主義者爲瀆神者，保衛上帝的萬能，一面又貶抑上帝的仁慈的神學家，也就像樂觀主義者一樣是褻瀆神靈。

㉕ 暗指德國哲學家萊布尼茨（Gottfried Wilhelm Leibniz，一六四六—一七一八）關於「先定和諧」的唯心主義學說。在這種學說看來，「最高單子」（即上帝）預先在萊布尼茨認爲構成事物世界的種類無限的單子之間建立著合理的、最好的關係和聯繫。由此他肯定說：「在諸世界的這個最好的世界裡，一切都在改善」；這在客觀上等於是承認災難完全無法避免和替任何社會罪惡作辯護，伏爾泰在著名的哲學小說《老實人》中嘲笑了這種態度；十八世紀法國無神論者，包括霍爾巴赫在內，批判了萊布尼茨的這個原理。——俄譯本注

八十八　在來世報答塵世的不公正待遇和痛苦是一種毫無根據和荒謬的虛構

當我們抱怨出現在我們的地球這個舞臺上的那一切災難時，人們就把我們打發到別的世界去；人們告訴我們，在這個別的世界上，上帝會酬賞它暫時容許在地球上存在的一切不公正現象和痛苦。但是，如果上帝在漫長的時間裡不實行自己正義的裁判，並且在我們的行星存在的整個時期內容許惡，我們又如何能保證在別的世界上，神靈正義的裁判不會同樣起不了作用，而聽任住在上面的人民忍受痛苦呢？

人們安慰我們的痛苦，要我們相信上帝是有耐心的，雖然上帝正義的裁判暫時還沒有任何表現，這並不能說，我們應當懷疑這點。但是，公正的、不變的和萬能的存在物不應當這樣長期的忍耐，豈不是顯而易見的嗎？容忍公開的惡豈不是軟弱無力、狐疑不定或者甚至是同情這種惡的表現嗎？容許可以預防的惡就是讓這種惡存在。

八十九　神學替上帝所容許的惡和不公正現象作辯護的時候，只是承認強者的權利，這就是說，神學允許上帝蹂躪一切權利，或者叫人盲目服從

許多神學家用形形色色的方法竭力使我相信上帝是無限善良的，但是神和人的公正性沒

有任何共同點。這種神的公正性究竟是什麼呢？對於這種經常令人想起人的不公正性的公正性，我能夠形成怎樣的觀念呢？我們聽說，神和人的公正性是兩件不同的事，這種說法豈不等於根本扭曲我們關於權利和公正性的全部觀念嗎？如果一種存在物的完善性和人認爲完善的那個觀念根本相反，怎麼可以把這種存在物當作榜樣呢？

你們說，上帝是我們命運的專制主宰者；無論何人、何物都無法限制上帝的萬能，這種萬能使上帝有權從自己親手創造的事物中產生一切祂忽然想起的東西；而人不過是一條甚至不敢抱怨上帝的蚯蚓。這種高傲的口吻顯然是從某個暴君手下，那些企圖封住呻吟在他們的暴力之下的奴隸們的嘴的酷吏口中搬過來的；這種口吻不是讚揚上帝的公正性的神職人員應當有的；這種口吻不會得到有理性的存在物的贊同。爲正直的神服務的人啊！我要告訴你們，任何最偉大的力量都不能允許你們的上帝（即使是上帝）用不公正的態度對待最下等、最可憐的生物！專制者還不是上帝。自認爲有權作惡的上帝簡直就是暴君；而暴君是不能成爲人們學習的榜樣的，它只會引起反感。

因此，爲了替神靈作辯護而使神靈變成最不公正的存在物，豈不是奇怪嗎？一旦我們埋怨上帝，神學家們就想強迫我們默不做聲，他們硬說，**上帝是完全自主的**，這就是說，上帝憑藉強權不服從公共法規。但是要知道，強權意味著對一切權利的蹂躪；只有在某個由於盛怒而神魂顛倒、並且認爲他有權對自己的不幸的犧牲者爲所欲爲的野蠻掠奪者看來，才會覺得這種強權是合法的，只有僅僅因爲他們自己太弱小而無法反抗暴君，才認爲暴君可以隨心所欲的奴隸，才會承認這種野蠻的權利是合法的。

難道虔信者不是用難以置信的天真態度，或者正確些說，難道虔信者不是用明顯輕率的態度對著各種最可怕的災難感歎說：一切都憑上帝的意志嗎？總而言之，不澈底的思想家們，你們忠誠的認爲最善良的上帝會給你們降下鼠疫、戰爭、歉收，總而言之，這個上帝既然自由的並且有權使你們遭受只有你們才能忍受的極大的痛苦，則祂就不會是全善的了！當你們的上帝給你們帶來惡的時候，就不要再妄稱祂爲全善的；也不要說上帝是公正的；而要直率的說，實力在祂那一邊，而你們則無力使自己避免上帝任性的使你們遭受的各種打擊。

你們說，上帝之所以懲罰我們是爲了我們的幸福。但是，在這樣的國家裡能夠找到什麼樣的實在幸福呢？在這裡，瘟疫使她蕩然無存，戰爭使她經濟破產，淫佚放蕩的統治者使她的人民腐化墮落，她的人民遭到殘酷無情的暴君鐵蹄的蹂躪，她的人民爲惡劣的政治制度造成的各種災難所毀滅，這種制度的有害後果常常延續數世紀而不絕於聞。如果信教的人認爲幸福在於最可怕的災難和最不能忍受的痛苦，在於最可憎的惡習和壓迫人類的狂妄行爲，這種信仰該是何等盲目啊！

九十　聖經妄加給耶和華的贖罪祭品和不斷的流血事件是同樣荒謬可笑的虛構，因爲這些虛構必然以不公正和殘酷的上帝存在爲前提

當人們迫使基督教徒們信仰一個希望與無辜的承擔父輩罪責的人類和解、卻打發自己完美無瑕的和不會犯罪的兒子去送死的上帝時，他們對神靈的公正性的觀念該是何等荒謬啊！如果某個皇帝的臣民群起暴動，這個皇帝爲了找個對象發洩自己的憤怒，就把根本沒有參加暴動的王位繼承人判處死刑，對於這樣的皇帝，你們有什麼可說呢？

基督教徒回答我們說，上帝之所以同意判處自己的兒子以殘酷的死刑乃是出於對自己創造物的愛，雖然這些創造物並不能符合神靈的正義裁判的要求。但是人對彼岸事物的善意無論如何還不會使上帝有權對自己的兒子採取不公正和殘酷的手段。神學家們妄加在上帝身上的一切屬性處處都是互相排斥的；一種屬性的任何表現必然要否定另一種屬性。

也許猶太人對神靈的公正性觀念會比基督教徒合理些吧？有個猶太國王在憤怒時把天火降到凡間，結果是：耶和華把鼠疫散布給絕對無辜的人民；爲了贖償神靈的恩典，寬恕了國王的過錯，有七萬人被消滅了！

九十一　如果一種存在物把兒子生到世上來，只是爲了使他們成爲不幸的，是否可以把這種存在物推崇爲體貼入微的、寬宏大量的和持事公正的父親呢？

儘管一切宗教都不厭其煩揭發了神所犯的罪行，但是，人們完全不敢公開譴責上帝不公正；他們怕上帝像凡間暴君一樣，如果眞理鞭撻了上帝，那麼上帝只會使自己的殘酷和暴虐變本加厲。所以，人們恭順的聽信神父對他們說的話：上帝是關心入微的父親，是公正的統治者，祂力求取得自己臣民應有的愛戴、服從和尊敬；這位統治者之所以賦予人們自由，只是爲了使他們有可能博取祂的恩典和得到上帝，並無義務賜予臣民的永恆快樂。如果某個父親把生命給予自己絕大多數子女，只是爲了使他們在凡間過著極其悲慘不幸的生活，則根據什麼理由人們應該承認這個父親是關心入微的呢？如果按照神學家的信念，人們可能濫用自由，從而使自己必然遭受永恆的痛苦，則是否可能有比這種所謂自由更加可怕的贈品呢？

九十二　凡人的全部生活，凡間發生的一切事情，都否定人的自由以及所謂上帝的公正和仁慈

神靈一旦讓自己的創造物來到人間，就引誘他們進行何等殘酷且危險的遊戲啊！不幸的凡人被拋到世界上來是不以他們的願望爲轉移的，他們之賦有各種性格是不由他們自主的，他們的活動是出於他們本性所固有的各種嗜好和欲念，他們的周圍都是無法避免的陷阱，他們受到各種無法預見和預防的事件的誘惑，所以，這些不幸的人不得不服從這種可能使他們遭受按其殘酷性和長期性都極端可怕的苦難。

一些旅行的人都敘述說，在亞洲的一個國家裡，專權的是某個蘇丹，這蘇丹王的性格很特別，他的念頭奇怪得難以置信，他的荒唐、任性已經達到登峰造極的地步。這個有奇怪嗜好的國王整天都坐在桌子旁邊，桌子一端放著藏有三顆骰子的角形小盒；桌子另一端放著一大堆金子，這堆金子必然會激起廷臣和蘇丹王近侍的嫉妒和貪念。蘇丹王懂得臣下的弱點，他對他們大致說了如下的話：**奴才們！我爲你們好。我是寬宏大量的，所以我想使你們發財和幸福。看到這些財寶嗎？它們是你們的：不過你們得努力贏得；你們每個人盡可以依次去拿那個有骰子的盒子；誰要走運抓個六點，就會得到這些財寶；但我要預先聲明，凡是未能抓出必要點數的人，都將終生投入監獄，在那裡，根據我頒布的法規，他將在被火燒**

死。聽了統治者這番話以後，在場的人都惘然若失的面面相覷；誰也不願意去做這種可怕的冒險。呃，原來這樣！怒氣沖沖的蘇丹大聲說：沒有人願意參加這種遊戲囉！這可不是我的本意。爲了我的光榮遊戲得做！所以你們都要來玩：這是我的希望，而且你們都應該絕對服從我！必須指出，這個暴君把骰子製造得在一萬次中只能抓出一次六點；這個寬宏大量的統治者可以鑿有把握的確信：他的監獄將人滿之患，而這些財寶幾乎原封未動。凡人啊！這位蘇丹就是你們的上帝；這些財寶就是天堂的快樂；囚室就是地獄；而你們自己則是玩骰子的人。

九十三　我們對所謂天意表示任何一點感激心情都是沒有道理的

人們時刻反復對我們說，我們應當無限感謝上帝，因爲彷彿上帝給予我們數不清的恩惠。人們特別頌揚生命這分禮品。但是，唉！眞正對自己的存在感到滿意的凡人多不多呢？如果生活有時也使我們高興，那麼生活中又摻和著多少悲哀啊！難道片刻的劇痛不能澈底破壞最安詳、最幸福的生活嗎？總之，如果事情取決於人們的話，則是否有很多的人會同意在同樣條件下再度開始自己的生活道路呢（過去命運並不曾徵求他們的同意，就給他們準備好了這種生活道路）？

你們說，生命本身已經是偉大的恩賜。但是，難道這個生命不是時刻受到殘酷和不應得的痛苦、恐懼和疾病的毀傷嗎？況且，難道我們不會在任何時刻喪失掉處處都在危險威脅下的這個生命嗎？世間是否有人一生中不會失去恩愛的夫妻、嬌寵的兒女或忠實的朋友呢？這些人的喪故是不能使他忘懷於心的。很少人沒有體驗過塵世生活的全部苦楚；多數人常常都有結束生命的想法。歸根到底，生不生活並不是由我們決定的。難道落網以後又被關進鳥籠的鳥雀，對捕鳥的人會有任何感激心嗎？捕鳥者把捉來的鳥逗弄一番以後，就將它做成烤肉以供自己食用。

九十四　所謂人是上帝最疼愛的兒女，是神靈的特選者，是創造活動的唯一目的，是自然界的主宰，這種說法是荒謬的

儘管人在這個世界上不得不忍受疾病、不幸和窮困，同時，也儘管他在想像中認為另一世界有各式各樣的危險，但他還是愚蠢的相信，彷彿人就是上帝的特選者，是上帝全部關懷的對象，是上帝全部勞作的唯一目的。在人看來，整個世界是僅僅為他而創造的；他傲慢的自稱為自然界的主宰，並把自己看得無比的高於一切動物。可憐的凡人啊！你們這種自高自大的奢望究竟有什麼根據呢？你們說，你們天生具有靈魂、理性、高度的能力，從而使你們可以絕對統治周圍的一切存在物。但是，唉，自然界軟弱無能的統治者啊！你們在任何時刻是否能夠確信自己的統治地位是鞏固的呢？你們藐視的物質中的一些最小的原子，不是足以

把你們從寶座上推下來和奪去你們的生命嗎？而且最後，自然界的任何主宰不是死後要變成蛆蟲的食物嗎？

你對我說，人都有自己的靈魂嗎？那麼，你是否知道你的靈魂是什麼呢？難道你不明白，你的靈魂無非是你的全部身體器官（由於有這些器官你才活著）活動的結果嗎？你是否能夠否認其他的動物有靈魂呢？它們也像你一樣生活、思想、推論、比較、尋求快樂、避免苦痛，它們的身體器官之爲它們服務比你們的身體器官之爲你們服務要好得多。你以自己的智力而自豪；但是難道這些你引爲目空一切的能力可以使你變得比其他創造物更加幸福嗎？你不是常常求助於你因之獲得光榮而宗教則加以禁錮的理性嗎？你藐視動物，因爲它們比你軟弱或愚蠢，但是難道動物會受到像你那般精神上的痛苦和折磨嗎？這些動物是否有無數不可遏制的欲念和不斷使你的心靈支裂的、虛構的需要呢？它們會不會像你一樣因回憶過去而痛苦和擔心未來呢？動物只限於對現在的意識，它們擁有你稱之爲本能，而我則叫做理性的那些東西，它們顯然具有自我保存所必需的，即保護其生命和滿足其需要所必需的一切。難道你如此輕蔑談到的這種本能，不是常常比你全部不平凡的能力更好得替它們服務嗎？難道動物安詳的無知不是勝過你離奇的判斷和徒然的沉思嗎？要知道這些判斷和沉思會使你變成不幸的人，會驅使你瘋狂消滅你高貴的同類。而且最後，動物是否也像許多人們一樣具有這樣的錯誤觀念呢？在這種觀念看來，不僅死亡迫使他們恐懼，而且永恆的苦難也會迫使他們恐懼，依據他們的信仰，人死後就有永恆的苦難等待他們。

當奧古斯都㉖獲悉猶太國王希律㉗殺死了自己的兒子們的時候，他大聲說道，**做希律的豬崽比做他的兒子強**！對於人也可以這樣說；上帝的這個心愛的孩子會比所有其他生物遭到更多無比的危險。難道除了凡間全部痛苦之外，他無需再對來世的永恆苦難產生恐懼嗎？

九十五　人和動物的對比

人和被他稱爲畜生的動物之間，確切界限何在呢？人和動物之間的本質區別在哪裡呢？人們答覆我們說，區別就在於人有理性、智力，這理性、智力使人高於一切動物，因爲動物只有在絕無理性參加的生理刺激的影響下才進行活動。但是既然動物具有比人更有限的需要，則動物沒有它們完全不需要的智力也會很好的對付過去。動物可以滿足本能，但是人的全部能力才剛好足夠使人的生活稍微過得去，也才剛好足夠滿足在想像、偏見和腦力活動影響下經常增長的全部需要，而隨著這些需要的增長，人的痛苦也加深了。

㉖ 奧古斯都（Augustus，西元前六十三年—西元十四年），即蓋伊·尤里·凱撒·屋大維，第一代羅馬皇帝（西元前二十七—西元十四年）。教會認爲基督教誕生在他在位的時期。——俄譯本注

㉗ 希律，猶太國王（西元前三十七—前四年），暴君，自己妻子和兩個兒子的殺害者。基督教傳說認爲基督誕生在他在位時期，雖然希律在基督教紀年開始前四年就已死去。——俄譯本注

動物對待事物的態度和人完全不同；動物既沒有人的那些需要及欲望，也沒有人那些奇怪的想法；它們很快就達到成年時期，可是我們極少遇得到一個能夠充分和自由的利用其全部能力來取得幸福的人。

九十六　地球上沒有一個壞蛋比暴君更加可恨

人們硬要我們相信，人的靈魂是最簡單的實體；但是，如果眞是這樣，則全體人類的靈魂就應當是一模一樣的，他們全都應當具有同樣的智力；但是人們在智力上卻是如此不同，眞是各如其面。某些人之間的差別有時會比人和馬或人和狗之間的差別更大。在某些人之間，我們找不出絲毫相似的地方，也找不出任何一個共同點。例如，洛克㉘或牛頓㉙的天

㉘ 約翰・洛克（John Locke，一六三二－一七〇四），英國哲學家，發展了培根和霍布斯的唯物主義觀點。洛克的主要功績是批判關於「天賦觀念」和「天賦實踐原則」的唯心主義學說，以及保衛關於經驗、人類知識感性起源的觀點。在這方面，洛克對十八世紀法國啓蒙思想家以及對唯物主義和無神論往後的發展都有巨大的影響。——俄譯本注（另參見本書「第一部分　神學的基本問題」第六頁的注釋③）

㉙ 伊薩克・牛頓（Isaac Newton，一六四二－一七二七），英國物理學家和數學家。作爲自然科學家，對十七－十八世紀機械唯物主義的形成產生了巨大的影響；容納了上帝的存在和作爲物質運動第一原因的「上帝的推動」；終生都站在保衛宗教的立場上。——俄譯本注

才和普通農夫或果天托特人或拉普蘭人㉚的智力之間的差別，該有何等懸殊啊！

人之異於其他動物只在於身體組織，這種組織使他具有動物所沒有的活動能力。人體器官多樣性可以充分說明人和動物之間的區別，這種差別就在於我們所謂的智力。機體精細複雜的程度、血液溫度的差別、新陳代謝的快慢，神經肌肉組織的柔軟與結實，必然會產生千差萬別的類型，這是我們在有理性的人中間可以觀察到的。人的理性在發展著，並且由於經常運用智力、習慣和教育，才達到比他周圍各種生物的智力更發達的程度；人沒有文化和生活經驗，就會像所有的動物那樣愚蠢和遲鈍。笨漢就是他整個身體的活動都很吃力，他的大腦反應遲鈍，血液好不容易才從血管中流過；聰明的人的身體組織細密柔韌，感官和大腦能迅速反應各種印象；學者則是這樣的人，他的全部能力和大腦長期用在他感興趣的問題上。

難道既無生活經驗又無理性的非文明人，不應當受到最卑賤的昆蟲或最凶殘的野獸更大的藐視和痛恨嗎？茫茫天地間是否找得到一些存在物比提庇留㉛、尼祿、卡利古拉更令人切

㉚ 拉普蘭人，二十世紀初以前對薩阿米人的稱呼。薩阿米人也稱洛普人，居住在挪威、瑞典、芬蘭等國北部地方，操薩阿米語，無文字。——俄譯本注

㉛ 提庇留（Tiberius Claudius Nero，西元前四十二—西元三十七年），即克勞狄·尼祿，羅馬皇帝（西元十四—三十七年），奧古斯都的繼承者，以極端殘酷著稱。最後被殺。——俄譯本注

齒痛恨呢？難道這些危害人類，號稱偉大的征服者的靈魂，比熊、獅、豹的靈魂更值得尊敬嗎？世間能不能有一些存在物比暴君更可痛恨的呢？

九十七　駁人類的優越性

人自以爲比其他的動物優越，這種狂妄的自負是很不應該的，如果冷靜的把人的全部狂妄想法研究清楚，這種優越感很快就會煙消雲散。動物的行爲經常的說明它們比自封爲主要是理性動物的人類更加誠摯、審慎和明理得多！我們是否可以在這樣經常過著無權的奴隸生活的人們中遇到像螞蟻、蜜蜂或海狸那樣組織得令人不勝驚羨的生物社會呢？我們是否曾經看見過同一種類的動物猝然相逢，在某個遼闊的平原上會無緣無故的互相消滅和殺戮呢？誰見過它們進行過宗教戰爭呢？野獸之所以殘酷的對待其他野獸是由於饑餓和求食的必要性；人之所以殘酷的對待人，則僅僅是由於他的統治者的虛榮心和狂妄粗魯的偏見。

居心叵測的思想家們以爲，甚至想使我們相信，宇宙是爲人創造的，一旦問他們，不斷危害我們生存的無數凶險的動物，怎麼能夠促進人的幸福時，他們就感到極端的狼狽。虔信者是否可以根據某些合理的徵候選擇死亡的方式：死於蛇咬、蚊咬或死於某種致命的寄生蟲，還是死於老虎，以及諸如此類呢？但是如果所有這些動物都能夠像我們的神學家一樣進行推理，它們肯定會說，人是爲它們創造的！

九十八　東方的神話故事

離巴格達[32]不遠有一個幽靜處所，這裡安謐而且美滿，曾經住著一個以聖潔著稱的苦行僧。各地區的朝聖者都紛紛帶著禮物來到他這裡，請求他禱告的時候記得他們。這位聖者不斷讚美上帝的全部恩賜，說上帝已經把這些恩賜全給他了。他說道：「眞主！你對你僕人的關懷不是言語所能表達的！要對得起你賜給我的所有那些恩典，我曾經做過什麼事呢？天神啊！宇宙的創造者啊！該用什麼言詞來讚揚你的眷顧和父親般的關懷啊！眞主啊！你給子孫的恩典眞是無窮無盡！」我們這位遁世的隱士滿懷知恩之忱，立誓要第七次上麥加[33]去朝聖。這時，波斯人和土耳其人之間正有戰事，但是戰爭並沒有阻止這個虔誠的意圖的實現。這位苦行僧全心全意信仰上帝，他出發上路；他的衣著在阿拉伯說明他也是一個神聖不可侵犯的人，因此，他可以暢行無阻的越過敵對雙方的營壘；這位聖者不但沒有受到任何壓迫，敵對陣營雙方的將士反而對他厚加禮遇。終於，他勞累得疲憊不堪，就去尋找一

---

[32] 巴格達，位於美索不達米亞的一座城市，九—十世紀是穆斯林國家，即巴格達的哈里發國家的首都和最大的經濟文化中心。現在是伊拉克的首都。——俄譯本注

[33] 麥加，位於阿拉伯半島的一座城市，那裡有穆斯林的聖物——克爾白神殿，它吸引著從各個國家來的許許多多朝覲者。——俄譯本注

個掩蔽的地方，以避灼人的陽光；他在幾株棕櫚的陰涼下找到了它，棕櫚的根有清澈的小河灌溉。這時萬籟俱寂，唯有淙淙的水聲和嚶嚶的鳥語，這位通神的人不僅沉醉於迷人的寧靜，而且享受了甘美的食物；只要一伸手，他就可以摘到海棗或其他同樣絕妙的果實。他可以從小河裡取水解渴，鮮嫩的野草很快成了他柔軟的床褥。醒來之後，他舉行了莊嚴的禮拜，並且滿心高興的大聲說道：「眞主啊！你對人類子女眞是功德無量！」這位興高采烈的苦行僧歇息了片刻，神智清爽，於是繼續旅行；他經過的地方有時風景如畫，我們這位徒步旅行者觀賞了群花爭豔的山岡、碧草如茵的平原和果實累累的樹木。他被這種景象所感動，不斷感謝和讚揚處處表現是關懷人生幸福的慷慨仁慈的神明。不久，他來到了難以攀登的群山。當他登上一個山峰時，他的眼前突然展示出一幅驚心動魄的圖畫：他的靈魂戰慄了。他看見一片遼闊的平原完全被火和劍夷爲廢墟；他舉目巡視，死屍約在十萬以上，這是幾天以前這一帶剛發生過血戰的慘證。鷹、鳶、烏鴉和狼群暢行無阻的吞食遍野的死屍。這種場面引起了這位朝聖者憂鬱的沉思。必須說明，上帝曾經給予他一種奇異的稟賦，他通曉野獸的語言。正在這時，他聽見狼在吞食人肉時如何興高采烈地嚎叫：「眞主啊！你對所有狼的子女眞是神恩浩蕩！你以自己全知的睿智把瘋狂降與可鄙的人群、我們狼類的仇敵。多虧爲自己的創造物操心的上帝，我們狼族的這些危害者才會互相屠殺，也才使我們得到了豪華的筵席。眞主啊！你給狼族子女的好處眞是不可勝數！」

九十九　認爲世界上只有上天的恩惠和相信宇宙是爲人而創造的，這是荒謬的想法

如醉如狂的想像力認爲世界上只有上天的恩惠；比較冷靜的理性則認爲世界上既有善也有惡。你們說，我存在；但是這個存在是否始終幸福呢！你們說：「請看太陽吧！陽光照耀大地，地上才爲你們生長豐盛的五穀和青草；請看花吧！花的開放可以使取悅你們的眼睛，可以使你們的嗅覺清爽；你看樹木被佳美的果實壓得彎腰點頭；你看清澈明淨的流水只是爲了解除你們的口渴；看一看環抱大陸而使你們的商業繁盛的海洋吧！看一看有遠見的大自然爲了滿足你們的需要而生產的一切生物吧！」誠然，這一切我都看見，而且還盡自己的力量利用著所有這些東西。但是，在許多國家裡，光輝燦爛的太陽幾乎永遠使我被烏雲遮住；在另一些國家裡，過分炎熱的太陽使我痛苦，因爲它產生災難，引起可怕的疾病，使田野乾涸；草地上再也見不到植物，樹上再也不結果實，莊稼燒盡、源泉枯竭；我只有費盡氣力才能維持自己的生活，我也只能抱怨自然界的殘酷性，雖然你們認爲它是好善樂施的。如果海洋使我們得到藥材、珍寶和毫無用處的奢侈品，那麼，難道在海洋中找不到熱衷於到那裡去尋找所有這些珍寶的成千上萬的人的墳墓嗎？

虛榮使人相信，人是宇宙唯一的中心；人只是爲自己才創造世界和上帝；他感到自己有

權根據自己的願望來改變自然規律；當所談的是其他所有的生物時，他就像無神論者一樣進行推論。難道人不會認爲動物界、植物界和礦物界的一切事物，只是一些不應當得到天意的關懷、神靈的眷顧和正義裁判的機器嗎？凡人們把一切成功和災難、健康和疾病、生和死、富裕和饑餓，都看成是對他們的行爲（彷彿這些行爲是受自由意志決定的，雖然他們沒有任何理由硬說自己有自由意志）的獎勵或懲罰。爲什麼他們議論動物時，不從同樣的前提出發呢？儘管人看到，當同一個最公正的上帝存在的時候，動物像人們一樣有幸福也有痛苦，可以是健康的也可以是有病的，可能活著也可能死去，但是他不會想到捫心自問：動物有怎樣的過錯才會使自然界的這個統治者對自己大發脾氣。而被宗教偏見弄得瞎眼的哲學家，爲了在這個問題上擺脫困境，竟達到這樣狂妄的地步，乃至武斷說，彷彿動物沒有感覺的能力。

莫非他們絕對不會放棄自己的不合理的奢望嗎？莫非他們不懂得自然界完全不是爲他們創造的嗎？莫非他們不相信自然所創造的一切東西在自然面前都是平等的嗎？莫非他們看不出一切生物同樣是爲了活著和死去、享福和受苦而創造的嗎？而且最後，莫非他們不明白以自己的智力而自高自大是極不恰當的嗎？莫非他們不明白這些智力常常使他們比那些往往沒有預先決定著人的不幸的虛榮、迷信、成見和狂妄的動物更加不幸嗎？

一〇〇　什麼是靈魂？沒有人知道。如果這個虛構的靈魂是某種異於身體的自然物，則靈魂和身體就不可能結合

人妄自以爲比其他動物優越，這種優越感主要是以這種信念爲依據的：只有人才是天生具有不死靈魂的。但是若問問人，什麼是靈魂？就開始嘟嘟囔囔說些完全不知所云的話。這原來是無人知道的一種實體，這是一種和身體不同的神祕力量，這是人毫無觀念的一種精神。但是，請問這些人，像他們的上帝一樣沒有廣延性的精神，怎麼能夠與有廣延和物質的身體結合起來呢？他們回答說，對於這個問題，他們毫無所知，這對他們來說是一個祕密，身體和靈魂的結合是神靈萬能的結果。可以說，這就是人們關於隱蔽的實體，或者正確些說，關於虛構的實體所得到的確切概念！他們妄自認爲這個實體是他們一切行爲的推動者！

如果靈魂是一種本質上不同於身體且和身體沒有任何共同點的實體，則靈魂和身體的結合就不會是祕密，而簡直是不可能的事。同時，本質上不同於身體的靈魂，必然要以完全不同的方式活動。但是我們看到，身體的運動也會爲所謂靈魂感覺到，而且這兩個本質上不同的實體永遠互相協同的活動。你們仍舊會肯定說，靈魂和身體之間的這種和諧也是一個祕密；我要告訴你們，我看不見自己的靈魂，我所知道和感覺的只是自己的身體；我的身

體在感覺、思想和推論、受苦和享福，而身體的全部屬性則是它自己的本性或組織的必然結果。

一〇一　假設靈魂存在是荒謬的。假設存在著不死的靈魂則更加荒謬

雖然人們對彷彿會使他們具有生氣的靈魂或精神不能獲得多少確切的觀念，但是他們這個不可理解的靈魂不會死亡；然而他們有一切證據可以說明，他們的感覺、思想、表象、享樂和痛苦，只因爲有了身體的各種器官，才可能存在。即使假定靈魂是存在的，也不得不承認它完全依賴於身體，並且隨身體的變化而變化；可是人們竟然以爲，靈魂按其本性來說和身體毫無共同點；他們希望把靈魂說成是有活動和感覺的能力而無需身體的幫助。總而言之，他們認爲這個靈魂即使離開身體和不憑藉身體的各種感官，也可以生活、享樂、受苦、體驗幸福或感受殘酷的折磨。靈魂不死的論點就建立在類似的一大堆極其荒謬的前提上。

如果我問，假設靈魂不死的根據何在？人們會立即回答說，人按其本性來說追求不死，他希望永遠活著。我反駁說，但是，從你們強烈的希望什麼這個事實中，無論如何還不能得出結論說，這個希望將會實現。根據什麼奇怪的邏輯人敢於假設凡是他熱烈希望的東西只要他熱烈的希望就一定會發生呢？人的想像力所產生的希望是否能夠成爲實在性的標準呢？你

們說，不指望來世生活的瀆神論者希望完全消滅。就算這樣吧！他們不是有權利根據這個願望得出結論說完全消滅實際上正在等待他們，正如你們不也只是根據你們的希望，得出生命永恆的結論嗎？

一〇二　人都要死，這是十分明確的

人都要死。這對任何思想健全的人都是明確的道理。人的身體死後都要變成不能運動的惰性物質，而所有這些運動的總和則構成人的生命。我們在這具死屍身上已經感覺不到任何血液循環、呼吸、消化、言語和思想。有一種看法說，從死亡的那刻起，靈魂就離開身體。但是硬說某種誰也不知道的靈魂乃是基本的生命動力，無異於什麼也沒有說明，或者等於認定某種沒有人知道的力量是很難區別的運動的潛在根源。相信死人不會復活比什麼信念都要簡單和自然；同時，說死人還會繼續活著比什麼判斷都要荒謬。

我們譏笑某些天眞的民族：他們按照習俗把各種食具與亡者一起埋葬，因爲他們相信，人死後在來世是要吃的。是否可以設想一種判斷比硬說人們死後會有吃喝的需要、比硬說他們能夠思想、硬說他們會有快樂或憂愁的觀念、硬說他們會有享樂、痛苦、懊悔或高興的感覺更加荒謬呢？要知道這時人的一切器官都會腐爛和變成灰塵，他不會再有感覺和思想的能力了。說人們的靈魂在身體死亡以後將是幸福或不幸的，無異於認爲人們可以無目而視、無耳而聽、無顎而能知味、無鼻而能嗅，以及無手、無皮膚而能觸。以高度發達和文明自居的民族竟抱著這樣的看法，眞令人痛心！

一〇三　不容爭辯的駁斥靈魂的非形體性

靈魂不死的教條假定，靈魂是沒有形體的，它是精神：但是我還是要問，什麼是精神呢？你們會說：「這是一種沒有廣延性、不會腐敗，並且和物質毫無共同點的實體。」但是，如果這樣，那麼爲什麼你們的靈魂也像身體一樣有生長、有發展、有成熟，而在同樣過程中衰老呢？

對於所有這些問題，神學家都回答我們說，這一切都是祕密；而如果這是祕密，那就說明，神學家對這些問題毫不理解。如果他們自己並沒有弄清楚這些問題，他們又怎麼能夠對那些連自己也沒有任何觀念的事物作肯定的判斷呢？爲了相信一種判斷或者肯定一種判斷，起碼應該知道你所相信的那個判斷或你所肯定的那個判斷究竟是什麼意思。相信無形體的靈魂存在，無異於相信你們不可能眞正認識的事物的存在；這無異於相信幾個聯繫起來不可能產生任何意義的詞彙；因此靈魂不死的一切主張是由極大的狂妄和虛榮造成的。

一〇四　神學家們不斷援引的超自然原因的荒謬性

神學家都是些很奇怪的思想家。只要他們無法猜測事物的自然原因的時候，他們就虛構出一些他們所謂的超自然原因；他們想像出某些精靈、某些隱祕的原因、不可理解的推動者，或者正確些說，他們想像出一些比他們本來打算加以說明的那些事物還更難理解的詞彙。總之，我們認為，在可見的自然之外去找某些現象的說明是絕對不必要的；我們不會去找不為我們感官所接受的原因，我們承認，在自然之外，絕對找不到自然向我們提出的那些問題的答案。

即使接受神學的假設，換言之，即使假定有某個萬能的物質推動者存在，神學家們仍然沒有任何理由不承認上帝可能賦予物質思想能力。對上帝說來，創造這種會產生思想的物質結合，難道比創造能思想的靈魂更加困難嗎？如果我們假定物質能夠思想，我們在任何狀態下就會有思維主體的觀念，即有某種東西使我們產生思想，但是，如果把思想妄加在沒有形體的存在物身上，我們就不可能對這種存在物構成任何概念。

一〇五　硬說唯物主義玷辱人的尊嚴是錯誤的

人們對我們說，唯物主義使人變成沒有靈魂的機器，因而玷辱著人的尊嚴。但是，莫非假定人是在某種隱祕的精神影響下活動的，換言之，莫非假定人是在不知是什麼東西（這種東西不知以怎樣方式使人具有生命）的影響下活動的，人就會更加尊嚴嗎？

很明顯的，所謂精神對物質或靈魂對身體的優越性，只是建立在根本不懂何謂靈魂的基礎上的，不過，物質和身體是我們已知的事物，我們毫不費力就可以弄清楚這些事物的屬性。另一方面，在任何一個能夠思想的人看來，我們的身體最簡單的運動，都是像思想的本質一樣複雜難解的問題。

一〇六　硬說唯物主義玷辱人的尊嚴是錯誤的（續）

許多人都用虔敬的態度對待精神，產生這種態度的根源看來在於他們沒有多少能力確切的規定這個精神的本性。形而上學者都用蔑視的態度對待物質，產生這種態度的原因顯然在於所有的人全都輕視他們經常接觸和可以了解的東西。這些形而上學者對我們說，靈魂比身體更優勝、更高尚，這種看法除了只表示神祕不解的東西似乎比他們總算有點了解的東西更優勝以外，根本沒有說明任何問題。

一〇七　只有利用人類的輕信而從中得利的人，才需要來世生活的教條

人們不斷的硬要我們相信，彼岸生活的教條是有益的；他們認爲，即使這個教條是一種虛構，它還是很必需的，因爲它使人們有敬畏之心，並且促使他們爲善。但是，果然如此嗎？這個教條眞的可以使人們變得更聰明和更好嗎？難道普遍信仰這個虛構的那些民族表現出多少高尚的道德和善良的行爲嗎？難道可見世界始終不會戰勝不可見的世界嗎？如果有責任教育和指導其他人的那種人，本身更有教養和更加善良，他們就可以憑藉實在的刺激物，而非虛構的刺激物把人管理得更好；但是，在道貌岸然、沽名釣譽和淫佚放蕩的立法者看來，似乎用神話故事安慰人們比把眞理告訴他們，發展他們的理性，用實在可靠的動因獎勵他們的美德，和用合理的方式管理人類，總是要簡單些。

神學家之所以使靈魂沒有肉體，自然是有十分特殊的原因；爲了在想像的彼岸世界安身，他們必須有靈魂和幽靈。那些有形體的、物質的靈魂，也和物質的身體一樣會腐爛。因此，如果人們相信人一死就整個死了，則各種彼岸世界的發現者和地理學家就會失去在這些誰也不知道的世界裡，充當人類靈魂嚮導的權利。所以，他們既不能從他們強迫人們接受的希望中得到任何利益，又不能從他們藉以強制人們當然服從的恐懼中得到任何利益。如果未來的生活對人類沒有任何實在意義，則對於那些自願在彼岸世界裡扮演嚮導角色的人來說，未來生活無論如何都會是一筆重要的收入。

一〇八　在來世生活的教條中沒有任何使人得到安慰的東西；如果這個教條也能成爲對人的安慰，這還是不會證明它的眞理性

有人問我：「關於來世生活的教條對於凡間所有不幸的人來說不是最大的安慰嗎？就算這是一種幻覺，然而難道信仰這種教條不是使人感到美滿和快慰嗎？難道相信人活得比自己長久和相信他有朝一日將獲得他在凡間所放棄的快樂，不是人的一種幸福嗎？」唉，可憐的人！那麼說，你們竟認爲自己的欲望和希求就是眞理的標準！僅僅因爲你們想成爲不死的和幸福的，你們就得出結論說：你們會永遠活著，而且在你們並不知道的另一個世界上，你們將比總是只使你們忍受痛苦的凡間世界更爲幸福！愉快且毫不惋惜的離開這個世界吧！要知道這個世界使你們絕大多數人忍受的痛苦比享得的快樂要大得多。順從命運吧！雖然命運沒有使你們長生不死，正如命運沒有使其他所有的生物長生不死一樣。但是，那時我又會變成什麼呢？有人問……你會再度變成幾百萬年以前的那個樣子。你那時什麼都不知道，下定決心在一瞬間再度變成這個什麼也不知道的東西吧！安靜地回到老家去吧！回到一切創造物所共有的懷抱裡去吧！你之所以得到你此刻的形狀，是透過你不知道的過程，從這個大懷抱中產生的；要善於毫無怨言的死去，像你周圍所有的存在物一樣。

人們反復不斷的向我們說，備受壓迫的、不幸的人們在各種宗教觀念中會得到安慰；他

們認爲，靈魂不死和來世快樂的教條可以使人有力量忍受凡間壓迫他的全部苦難。反之，用神學家的話說，唯物主義則是很少慰藉的體系，它貶抑人的尊嚴，把人降低到和動物同樣的水準，消磨他的勇氣，並且在他的面前展開一幅萬類俱滅的遠景，如果人在這個世界上除了痛苦以外什麼也不知道，這種遠景就會使他瀕於絕望，甚至促成自殺。應當承認，神學家是窺測人類心靈祕密動機的巨匠，他們善於適時的威脅、恫嚇和鼓勵。

在神學家幻想的彼岸世界中，不僅有死者的靈魂領略永恆快樂的地方；那裡也有預先決定供永遠受苦的場所。在這個幻想的世界裡，沒有任何事情比享受快樂更爲困難，也沒有任何事物比淪落地獄更爲容易，這地獄是上帝替自己永恆憤怒的不幸的犧牲者準備的。所有認爲來世生活安樂美滿的人莫非忘記了，對於大多數凡人來說，這種來世生活只能表示永恆的苦難嗎？關於萬類俱滅的思想難道不比所謂註定會受永恆苦難和切齒痛恨的無窮生命的觀念更可取些嗎？難道關於我死後不再存在的意識比我出生前絕不存在的思想更加可怕嗎？停止存在只有在我們那種產生關於來世生活的、虛構的、教條的想像力看來，才的確是實在的罪惡。

信仰基督教的神學家們啊！你們肯定的說，關於未來幸福生活的思想應當是合乎人的願望的；我們同意這點，誰也不會拒絕比我們塵世更愉快和更有保障的生活。然而，如果在我們看來，天堂眞的能夠是令人心馳神往的，那麼你們應當承認，地獄則是叫人膽戰心驚的。要得到天堂的快樂甚難，而忍受地獄的苦難則極易。你們自己也說，通往天堂極樂生活的道路是狹窄多險的，而到地獄則是爲大眾敞開、遼闊的康莊大道！你們不是時刻反復說，特選者很少而被唾棄的人則很多嗎？爲了拯救，難道不需要上帝只用來獎勵極少數凡人的那種神恩嗎？總之，我要告訴你們，你們所有的虛構絲毫也不會使人感到安慰；我要告訴你們，我寧願一勞永逸的被消滅掉，而不希望在永恆的地獄火焰中燒死；我要說，動物的命運在我看來要比被判處忍受地獄苦難的人們的命運值得羨慕些，而我認爲我能夠在片刻之間擺脫世上一切使人苦惱的災禍，要比我懷疑人們使我相信的所謂上帝可以自由的施與自己的恩典，祂只對特選者濫用恩典，而註定使其他人忍受永恆苦難的各種教理百倍的合乎我的願望。只有在極度心醉神迷或十分狂妄的狀態中，才能放棄清楚的、自明的、對未來能夠有充分信心的學說，而接受很少近乎情理的、造成不安情緒和很難受的恐懼心理的虛構體系。

一〇九　一切宗教原則都是十足的虛構。上帝是幻想的產物，妄加在上帝身上的各種屬性是互相排斥的

各種宗教原則全然是絕不顧及經驗和理性的、想像的創造物。要與這些原則交戰是很困難的，因爲各種迷惑和引誘人的幽靈而感到驚訝和陶醉的想像力，已經無法傾聽理性的呼聲了。人用理性的武器與宗教和一切宗教幻想交戰的時候很像手仗佩劍驅散蚊子的怪人：每砍

一劍，幽靈就像蚊子又重新成群的在眼前飛一樣，再度侵入彷彿剛把幽靈從其中驅走的大腦。

一旦人否認神學家用來證明上帝存在的一些論據，他們就提出另一些證據，如：內在的感情、深刻的內在信念、不可克服的、不以人的意志爲轉移的自然需要、萬能的存在物的形象，據說人不可能從自己的靈魂中驅逐這種存在物，並且人不得不違反一切最令人信服的理由而承認這個存在物。如果我們仍然想把據說有如此重要意義的這種內在情感分析一下，我們就會相信，這種內在情感只是根深蒂固、習慣的結果，這種習慣迫使我們閉起眼睛不看最明顯的證據，和使絕大多數人，常常是使受過高等教育的人，產生各種幼稚可笑的迷信。這種內在感情或者毫無根據的深刻信念能有什麼用處呢？要知道這種信念違反明顯的眞理，這眞理告訴我們，凡是其基礎包含矛盾的事物，實際上是不可能存在的。

人們十分鄭重的向我們宣稱，到現在爲止，還沒有誰證明過上帝不存在。但是，就人們關於上帝所說的話來判斷，不可能有什麼判斷比肯定上帝是幻想，它根本不可能存在更加正確；也沒有什麼判斷比認爲任何存在物都不能把全世界的宗教賦予上帝的所有那些互相排斥的、矛盾的和不可調和的屬性結合於一體的觀點，更加明顯和更令人信服。神學家的上帝和有神論者[34]的上帝一樣，顯然是一種與妄加在祂身上的各種結果不能並容的原因。無論從哪一個角度來看，或者必須虛構出另一個上帝，或者必須承認，幾世紀以來人們反復談論的上帝，同時是既善良又兇惡，既強大又極軟弱，既不變又變化；必須承認祂有無窮的智慧，而又暴露出毫不理智和毫無本領制訂一定的計畫，和找出實現此計畫的方法；必須承認，這上帝熱愛和諧而又允許混亂的現象存在；必須承認，祂非常公正而又極其偏私；必須承認，祂所做的一切都是完善的，但同時，祂的作品永遠需要修正；而且最後，難道我們不是必須承認所有這些互相對消的特性不可能統一在唯一的存在物中嗎？要知道，如果不陷入最驚人的矛盾，就不能給這個存在物任何說明。試說出上帝某種屬性的名稱吧！到時，這屬性立即就會被妄加在此屬性身上的所有那些結果（這屬性被當作這些結果的原因）所推翻。

一一〇 任何宗教都是爲了用祕密來調和矛盾而虛構出來的一種體系

可以有充分的權利稱神學爲矛盾的科學。任何宗教都是爲了調和最不可調和的矛盾而虛

---

[34] 有神論者，是有神論的擁護者。有神論是把上帝當作個人、當作創造世界並經常監護其活動的、有理性的超自然存在物的一種宗教哲學觀點。有神論是一切神論宗教的基礎。——俄譯本注

構出來的一種體系。人們在習慣和恐懼的影響下接受各種最荒謬的偏見，甚至在荒謬已經極端明顯的時候，他們也不願意放棄這些偏見。駁倒宗教教條並不困難，困難的是根除宗教。理性在所謂人的第二天性的習慣面前是無能爲力的。有許多非常聰明的和思想健全的人們，甚至在仔細分析他們的教理有害的根本原則以後，仍然繼續頑固的堅持這個教理，而無視最有說服力的論據。

只要人開始抱怨宗教的不可理解性，只要他承認處處都可以遇到無法同意的廢話，只要承認在他看來宗教教條都是不近情理的，人們就會對他說：我們之所以被創造，不是爲了理解宗教所提供的眞理；理性是要犯錯誤的；不能信賴理性；把理性當作指南是危險的；理性會把我們導致毀滅。人們硬要我們相信，人以爲狂妄，則神以爲聰慧，因爲在上帝看來，斷然沒有任何不可能的事情。

最後，神學家求助於祕密，以便用唯一的一個詞來解決處處使神學進退維谷的所有最難解決的困難。

一一一　只爲僧侶的利益而虛構出來的祕密，是極其荒謬和毫無用處的

什麼是祕密呢？只要仔細弄清這個概念，我很快就會相信，任何祕密的基本內容歸根到底都只是矛盾、只是赤裸裸的荒謬、只是明顯的廢話。神學家們希望，人應當閉起眼睛不看

這些東西。總而言之，祕密就是我們教會的牧師們沒有能力向我們說明的東西。

宗教信徒們的利益就在於人們絕對不了解他們的學說。人沒有能力分析他不理解的東西；當我們在黑暗中再也辨不清方向時，我們就要依靠嚮導。如果宗教中的一切都是明白可解的，神父們就會無所事事了。

沒有祕密就無法有任何宗教；祕密是任何宗教所固有的，因爲沒有祕密的宗教乃是一種明顯的矛盾。任何自然宗教，包括有神論或自然神論，都以上帝爲基礎，而在任何能夠獨立思考的人看來，上帝本身就已經是最大的祕密。

一一二　只爲僧侶的利益而虛構出來的祕密，是極其荒謬和毫無用處的（續）

世上一切現存的天啓宗教，都充滿著各種神祕的、不可理解的教理以及難以置信的神蹟和莫名其妙的傳說，彷彿創造這些東西的唯一目的，就在於破壞我們的理性、擾亂我們的神智。任何宗教都宣揚不可見的上帝，這個上帝的本質就是祕密；所以妄加在這個上帝身上的行爲也就像上帝的本質一樣很難被人理解。在被上帝散布於全球各個地區的一切形形色色的宗教中，這個上帝都用最難解、最神祕的方式說話。無論神靈在什麼地方向人們顯聖，它到處都宣布祕密，那就是說，神靈並不懷疑，在神靈啓示時人們會遇到各種不可調和的矛盾和無法理解的預言，而他們從這些矛盾和預言中是不能得出任何稍微明白的概念的。

無知的特點總是寧願相信一切未知的、神祕的、虛構的、奇異的、難以置信的和甚至可怕的東西，而不相信一切簡單明白和可以理解的東西。眞實的東西並不像幻想那樣猛烈的震撼著想像力，況且任何人都有隨心所欲的解釋這些幻想。無知的庶民最愛神話故事，於是神父和立法者恰好就投合著這種嗜好，他們杜撰了各種宗教教條和祕密。他們就這樣把狂熱者、婦女和無知的人吸引到自己這邊來，因為這種人很容易同意他們不能了解的論據；嚮往質樸和追求眞理的人永遠是極少數，他們的想像力是受思維和科學控制的。

當神父們用拉丁格言來點綴自己的說教時，不學無術的普通百姓最是高興。無知的人總是認為，凡是向他們敘述不可理解的事物的人，都會有不平凡的才智。這也正是人民的輕信和僧侶之所以在人民心目中享有威信的眞正原因。

一一三　只為僧侶的利益而虛構出來的祕密，是極其荒謬和毫無用處的（續）

告訴人們各種祕密，這和贈送他們某種禮物，卻不把禮物從手上放下來是一樣的，也就是說，和顯然故意講些不可理解的話是如出一轍的。凡是說話吞吞吐吐的人、或者以撲朔迷離的語言自娛、或者是一些特殊的考慮促使他使用模糊難解的說明。其次，任何祕密始終是沒有信心、軟弱和恐懼的明顯標誌。君王和他們的大臣們認為國家計畫是祕密，他們擔心，敵人獲悉這些計畫以後會阻止它們的實現。

然而，難道上帝的創造物的懷疑和動搖能夠使全善的上帝開心嗎？既然世界上沒有任何東西能夠反抗萬能的上帝的權力，難道這個上帝會擔心什麼人阻擋了自己的道路嗎？關於上帝，人們向我們敘述各種不眞實的故事和莫名其妙的事情，這對上帝有什麼利益呢？

我們聽說：人，由於自己的軟弱性，沒有能力理解神靈的天命，因此，在人看來，天命必然會是神祕的；上帝不可能把自己的祕密讓人知道，因爲這些祕密必然超出人的理解力。但是，在這種場合下，我要回答說，人被創造出來也不是爲了議論神靈的天命，這個天命絲毫也不會關心人，而且人不能理解的祕密與人是毫不相干的；所以，任何以祕密爲基礎的宗教，與人的關係也就是某種娓娓動人的道德說教，與羊群的那種關係一樣。

一一四　上帝——衆人的父親，應當把一種宗教給所有的人

在全球各地，上帝以各種方式顯聖，所以，宣傳一種宗教的人抱著痛恨和輕視的態度對待其他宗教的信徒。一種教義的擁護者譴責所有宣傳其他信仰的人爲愚蠢和狂妄；一種宗教最推尊的聖禮，引起另一種宗教信徒們的嘲笑。如果上帝眞的降下了啓示，祂就應當用一種大家都懂的語言與人們說話，免得他們軟弱的理性在尋找眞正的宗教和最合上帝心意的宗教儀式中迷失路途。

上帝既然是眾人的父親，就應當建立一種眾人所共有的宗教。地球上存在著這樣多的宗

教，究竟由於什麼劫運呢？如果每一種宗教都排斥其他的宗教，則這些宗教中哪一種是眞的呢？有充分的理由假設，任何一種現存的宗教都不能自詡有這種特性，因爲在每一種宗教信徒間不斷發生的分裂和論爭，極其明顯的說明，它們的各種基本原則是非常動搖和毫無根據的。

一一五　之所以不需要宗教主要是由於它不可理解

如果宗教是所有的人都需要的，它就應當是這些人全都可以理解的。如果宗教對人是最重要的東西，則根據神靈的仁慈，自然可以期待宗教是最明白、最顯目、最令人信服的對象。因此，對凡人的幸福有如此重要意義的那種事物，竟是凡人最不理解的，並且在這樣多的世紀中引起了神學家最激烈的論爭，這不是很奇怪的事嗎？甚至屬於同一個教派的僧侶，在解釋（希望向人們顯聖的）上帝的意志問題上，也絕對不可能達到完全一致的意見！

我們生活的世界可以與市內的廣場相比，廣場的各個角落都擺著講壇，一些遊走四方的醫生爭先恐後的在講壇上大聲吹噓自己的優點，同時企圖詆毀同行所讚揚和陳列的藥材。每一個藥箱旁邊都有一群顧客，他們都相信只有這一個藥箱裡出售的藥才是最好的，儘管人們經常使用的正是這些藥，他們也看不出，他們並不會好起來的，他們還是會像延請其他醫生或服用其他藥箱裡的藥的鄰居們一樣，繼續生病。篤信上帝，這是人早在童年時就得的一種病；而虔信的教徒則是疑病患者，服藥品只會使他的一點小病變得更加複雜。聰明的人絕不會求助於任何藥物，而是實行一種正確的生活方式和信賴自然的力量。

一一六　從宣傳另一些同樣毫無意義的教理的其他宗教的觀點看來，任何宗教教條都是荒謬的

在思想健全的人看來，沒有任何東西比各種宗教的信徒們在世界所宣傳的、互相矛盾的信念更加荒謬可笑的了。基督教徒認爲，《可蘭經》㉟（即穆罕默德得到的和宣揚的神的啓示）是一大堆粗魯無禮、褻瀆和侮辱神靈的幻想。反過來，伊斯蘭教徒也稱基督教徒爲**偶像崇拜者和狗**；在基督教中他只看見荒謬；他自以爲有權奪取基督教徒的土地，用手中的劍把

㉟《可蘭經》，伊斯蘭教聖經。根據穆斯林的信仰，穆罕默德透過「上帝的啓示」得到了它，是七世紀最終形成的，其中猶太教和基督教，以及從古代波斯宗教——祆教中襲用了許多東西。《可蘭經》包含著伊斯蘭教的教義，被認爲是穆斯林應當遵守的日常生活、法律、和道德的規範；反映了阿拉伯封建主和商人的階級利益，它以眞主的名義，把社會不平等、對婦女的奴役等等神聖化了。——俄譯本注

基督徒變成伊斯蘭教徒，同時在超人的、先知的追隨者看來，崇拜一個人或三位一體是最褻瀆神靈和最狂妄的行爲。基督教無條件的崇拜一個人、並且堅信不可理解的三位一體的新教徒則嘲笑基督教內的天主教徒，因爲天主教徒相信聖體的神祕性；新教徒認爲天主教徒是瘋子、瀆神的人和偶像崇拜者，因爲天主教徒跪拜在一塊麵包跟前，彷彿他在這塊麵包裡看見宇宙的主宰。教派最不相同的基督教徒一致把崇拜神靈的體現者毗濕奴[36]的印度教徒視爲蠢漢，他們認爲神靈唯一眞正的體現者是耶穌，這耶穌就是宇宙之父（即宇宙的主宰）和木匠之妻的兒子。自稱爲自然宗教的追隨者的有神論者只承認自己的上帝，雖然他對於這個上帝沒有絲毫概念，卻讓自己嘲笑人類其餘一切宗教的神祕性。

一一七　一個著名的神學家的意見

一個著名的神學家說過，承認上帝存在還只是停留在半路上。他說：「既然我們大家都承認和相信眞正的上帝是一種特殊的存在物，那麼我們毫不費力的就會相信任何東西。因爲我們既已同意這個本身十分偉大的第一個祕密，我們的理性就應當接受最不可思議的論

㊱ 毗濕奴（Vishnu），印度最廣泛流行的宗教婆羅門及其新形式印度教的三個主要神祇之一。——俄譯本注

斷。因爲我既已同意第一個眞理，我就可以毫不困難的相信千千萬萬我不理解的、最難以置信的事物。」㊲

是否可以設想有什麼東西會比非物質的、無形體的和本身不變化的存在物之創造物質更加矛盾、更難以想像和更加神祕呢？是否可以相信這個存在物會產生我們在世界上觀察到的那些不斷的轉化呢？如果無限善良、聰明、公正和萬能的存在物指導自然並且管理著充滿狂行、貧困、罪惡和糾紛的世界，尤其是這個萬能的存在物憑一句話就可以預防或排除一切轉化，那麼是否有什麼東西會比信仰這個存在物和健全的思想更不相容呢？總之，如果承認有像基督教的上帝這樣矛盾的存在物，有什麼理由不相信最不足信的寓言、最不可能的奇蹟、最深刻和最不可理解的祕密呢？

一一八　有神論者的上帝和基督教的上帝同樣矛盾和虛妄

有神論者說：「你們不要崇拜基督教徒殘酷任性的上帝；只有我們的上帝才眞正是無限

㊲ 參看《理性叢書》（*Bibliothèque raisonnée*），第一卷第一八四頁。這段話是耶穌會的哈爾杜恩所說。——著者注

聰明和善良的存在物；祂是眾人的父親；祂是最溫和的統治者；祂的善行遍及宇宙。」我要反問：但是難道你們看不見，這個世界上的一切事物都否定你們賦予自己上帝的那些優良品質嗎？我看不出在這個如此關心入微的父親、人數眾多的家庭中有哪一個人是幸福的。在如此公正的君主所統治的國家裡，我看到到處惡行獲得勝利而美德受到壓制。由於你們的宗教狂信，你們只看到極力頌揚的恩惠，此外你們就不願意看到無窮無盡的和形形色色的痛苦，你們頑固的閉上眼睛無視這些痛苦。如果你們認為，可以承認有這樣一個上帝，祂會改變自己的仁慈，而用同一只手既十分熱心的為善又十分熱心的為惡，則為了證明這種上帝是存在的，你們就應當像神父們那樣把我打發到彼岸世界去。再想個什麼別的上帝吧！因為你們的上帝和基督教的上帝一樣是矛盾的，並且和它區別不大。善良的上帝為非作惡或者同意惡行存在，公正的上帝允許自己管理的世界上使無辜的人受苦，完善的上帝只創造不完善的和有缺點的創造物，這樣的上帝也和上帝的全部行為一樣，是一種和顯聖的神蹟不相上下的祕密。

你們深信，你們之所以感到恥辱是因為人們接受這樣的信念：作為宇宙主宰的上帝會變成人，並且死在亞洲一個地方的十字架上。你們認為不可理解的三位一體的祕密是荒謬的。在你們看來，絕對不會有比上帝變為麵包，並且全世界各個不同的地方每天都在吃這麵包更加滑稽可笑的事情。妙極了！但是，難道所有這些神蹟比愛報復的和因為人們的惡劣行為而懲罰他們的上帝更不能為理性所接受嗎？按照你們的說法，人是自由的呢？還是不自由的呢？無論在哪一種狀態，如果你們的上帝有絲毫的公正性，都不可能懲罰人也不能獎勵人。要知道，如果人是自由的，那是否意味著上帝自己曾經給了人各種行動的自由呢？這就是說，上帝也是人一切行為的第一原因；所以，上帝因爲人的謬誤而懲罰人的時候，祂就只是懲罰自己，因爲人是按照上帝賦予的自由而行動的。如果人除了像他現在所作的那樣，就無法自由的行動，則上帝因爲人不得不犯的過失而懲罰人，祂就是一切存在物中最不公正的存在物。

世界上所有的宗教都充滿著數不清的、毫無意義的東西，這些東西的確會使許多人感到驚訝；但是，這些人並沒有在自己身上找到足夠的勇氣去理解必然會產生所有這些毫無意義的東西的根源。這些人看不到，充滿矛盾和荒誕性的，具有各種最不能並容的屬性的上帝，在人們的想像中，除了產生一連串無窮的幻象和怪想以外，不可能產生任何東西。

一一九　自古以來所有的民族都承認過某個上帝權力的武斷，絕對不可能成爲上帝存在的證明

有人希望封住否認上帝存在的人們的嘴，於是告訴他們說：一切時代和一切國家的所有民族，過去始終都承認某個神靈的權力；地球上沒有一個民族不信仰不可見的和萬能的上帝

是祭祀和崇拜的對象；最後，沒有任何一個最野蠻的部族不曾確信超越人類理性的某個最高理性的存在。但是所有人的信仰能夠使謬誤變成眞理嗎？一個著名的哲學家曾經精準的指出：「眞理的確既不是由公認的傳統確定的，也不是由眾人相互協議確定的。」㊳更早的時候曾經有另一個智者說過：整個學術界也無法改變謬誤的本性，並把謬誤變成眞理。㊴

㊳ 培爾。——著者注

比埃爾·培爾（Pierre Bayle，一六四七—一七〇六），法國思想家。不僅熱切捍衛信仰自由，而且熱切捍衛人成爲無神論者的權利。培爾否定教會對不信神的誣衊，它高度評價無神論者的道德面貌和尊嚴。用馬克思的話說，他證明「由清一色的無神論者所組成的社會是可能存在的，無神論者能夠成爲可敬的人，玷辱人的尊嚴的不是無神論，而是迷信和偶像崇拜，並從而宣告無神論社會的來臨」（《馬克思恩格斯全集》，中文第一版第二卷第一六二頁）。——俄譯本注

㊴ 阿威羅伊。——著者注

阿威羅伊·伊本·羅世德·穆罕默德（Averroes，一一二六—一一九八），阿拉伯哲學家和學者；他承認物質和運動的永恆性，否定「從無中」創造世界、靈魂不死和神蹟。他是「雙重眞理」論的創立人之一，按照這種學說，「理性眞理」實際上是離開「信仰眞理」而獨立的，甚至還與它相矛盾。在中世紀，這種觀點促進了科學和哲學與宗教的分離。阿威羅伊遭到放逐和其他的迫害，他的觀點受到伊斯蘭教僧侶的譴責，後來當這些觀點流傳到法國和義大利的時候（十三—十六世紀），也受到了天主教會的譴責。——俄譯本注

過去某個時期，所有的人都相信太陽圍繞地球旋轉，而地球則是宇宙不動的中心；從這個謬誤被捨棄的時候算起，又差不多過了兩百年。過去某個時期，誰也不願意相信有對蹠點，並且對所有膽敢斷定對蹠點存在的人們加以迫害；而在我們今天，凡是受過教育的人都不再懷疑這點了。在任何一個國家裡，普通的人民，除了少數不那麼輕信的人以外，都相信巫師、鬼魂、幽靈、精靈；但畢竟沒有任何一個思想健全的人會認爲自己應當承認所有這些蠢話；同樣，思想最健全的人也不會認爲自己應當相信世界理性！

一二〇　一切神靈都是蒙昧時代的產物；一切宗教都是無知、迷信和殘酷的古代遺蹟；一切現代的教理都是古代荒謬想法的死灰復燃

人們所崇拜的一切神靈都起源於遠古，對這些神靈的信仰還在蒙昧時代就產生了；神靈都是無知的民族虛構出來的，或者是慕求虛榮和老奸巨猾的首領告訴粗野的普通人的，因爲這些普通人既沒有足夠的智力及勇氣批判把在懲罰的恐懼下強迫他們崇拜的事物認識清楚。

只要我們今天把還被最文明的民族所崇拜的上帝的觀念研究清楚，我們就會確信：這些觀念與野蠻人的信仰區別不大。做一個野蠻人，意味著除了強權以外不承認別的權利；這意

味著做一個無限殘酷的人；這意味著只憑自己的奇怪念頭行事；這意味著既無預見、也不謹慎、又不明理。莫非以文明自居的各民族如此不認識他們對之焚香頂禮的、自己的上帝的這種特性嗎？神學家們所描繪的神靈形象，難道不顯然是這個殘忍的、嫉妒的、復仇的、嗜血的、專橫的、輕率的和還不具有高度發展理性的現代人的再現嗎？人們啊！你們崇拜一個喧赫的野蠻人，並且認爲他是值得效法的榜樣、是仁慈的統治者和十全十美的國王！

一切民族的人民的宗教信仰都是古代人的無知、輕信和殘酷、不可磨滅的殘餘。任何野蠻人都像小孩子一樣，渴望一切能滿足他的精神需要的奇聞怪談；這個小孩子絕對不會思索使他的想像力感到驚訝的各種事物；對自然規律的無知，迫使他把凡是他覺得不可理解和超自然的東西都妄自認爲是來自精靈、魔法和妖術；在野蠻人的心目中，神父都是魔法家，他認爲魔法家具有他那惶惑不安的理性所崇拜的像神靈那樣的威力；在他看來，這些魔法家的預言乃是不容懷疑的法則，不服從這些法則是危險的。

在宗教問題上，大多數人迄今仍處在最原始的蒙昧狀態中。一切現代的宗教無非是古代荒謬想法，適應當時情況的翻新。如果古代的野蠻人崇拜山、河、蛇、樹和形形色色無數的物神；如果聰明的埃及人把鱷魚、家鼠、蔥頭當作神靈，難道現在我們沒有看到自認爲更加聰明、更加文明的那些民族如何崇拜麵包，以爲在這塊麵包中（用神父們有魔力的話來說）顯現著神靈自身嗎？難道基督教民族視爲神聖的這塊麵包不是和野蠻人所崇拜的各種不同的事物和現象一模一樣的物神嗎？

一二二　一切宗教儀式都帶有無知和蒙昧的印記

野蠻人的殘酷、無知和輕率，自古以來始終一貫表現在他們的宗教儀式上。直到今天我們還保存著的這種野蠻的表現，在最文明的民族所信奉的一切宗教中都可以看出來。難道今天沒有拿人來血祭的情形嗎？爲了平息神靈的憤怒（這神靈被描寫成像野蠻人那樣殘忍、嫉妒和酷愛報復），難道今天沒有頒布各種血腥的法律，根據這個法律使思想方式不合上帝心意的一切可疑分子遭到最險毒的酷刑嗎？在神父幫助下的現代人，其行爲殘酷得令人難以置信，看起來甚至超過了最野蠻的民族的風俗。在任何情況下，任何一個野蠻人都不會想到爲了信念去折磨自己的同類、去追究異己的思想，並爲人們頭腦中所產生的不可見的思維過程而迫害他們。

當我們看到各個文明民族（英國、法國、德國人等等）——儘管他們有著高度的文化，如何拜倒在猶太人的野蠻的上帝面前時，當我們看到某個國家有文化的臣民，如何分裂爲各個教派，互相殘殺；如何因爲鄰人對神靈的行爲和意圖抱著和他們自己的看法同樣滑稽可笑的那些觀點而仇視這些鄰人時；當我們看到聰明的人們用極端愚蠢的方式議論這個以狂妄和專橫著稱的神靈的各種命令時，我們會不由得大聲說道：人們啊！你們直到現在還是野蠻人！在宗教問題上，你們並不比小小年紀的兒童更聰明！

一二二　宗教教條愈古老和愈流行，就愈不可信任它

某種觀點流行愈廣，則凡是懂得眾人多麼無知、輕信、糊塗和愚蠢的人，對待這種觀點就愈要採取更加懷疑的態度。大多數人並不常常批判各種事物；他們盲目屈從於習慣和權威；他們多半是信奉那些他們既無條件又無勇氣加以分析的宗教教理；既然人們一點也不了解這些教理，他們於是只好沉默；在最好的情況下，他們所有的推論都是站不住腳的，並且很快就推論不下去了。

試問任何一個普通人是否相信上帝？他對於你竟懷疑這件事，是會感到驚訝的。試問這個普通人，他所謂上帝一詞是什麼意思；你們會使他陷入十分狼狽的境地；你們馬上就會相信，這個人不可能把任何眞實的觀念與他不斷重複的這個名詞聯繫起來；他會對你們說，上帝就是上帝；你們也會看到，他既不知道自己對這個上帝有何想法，也不知道自己爲什麼信仰上帝。

所有的民族都信仰上帝；但是他們對這個上帝是否有任何一致的意見呢？絕對沒有！凡是有意見分歧的地方，不僅證明不了那裡有明顯的眞理，而且始終說明那裡存在著懷疑和無知。難道有哪一個人終生信任自己和對上帝保持始終一貫的看法？沒有的事！他的上帝概念是隨他的身體狀態不同而改變的，這仍然說明宗教信念的動搖性。但是無論人們處在什麼環境下，他們在明顯的眞理上是絕對不會自相矛盾的；只有精神錯亂的人才否認二二得四、太

陽發光、全體大於部分、公正即善、爲求他人善待己，必須自己善待人、殘酷不義和善良是不相容的。在上帝問題上，人們是否也有這樣一致的看法呢？人們關於上帝的全部想法或說法，立即爲妄加在這個上帝身上的一切行爲所否定。

試請幾個藝術家畫個鬼魂吧！你們會看到，他們勾畫的輪廓都會是一人一個樣；你們在這些肖像上找不出任何相似的特點，因爲這些畫像的模特兒在現實生活中是不存在的。既然每一個神學家都是按照自己的方式設想上帝，只有在他的想像中上帝才存在，而因此他們在上帝問題上，不論何候，也不會取得一致的看法，那麼當全世界的神學家向我們描繪上帝時，他們難道不是在畫鬼魂嗎？地球上的確找不出兩個人對上帝抱有相同的概念。

一二三　宗教問題上的懷疑論可能是由於對神學教理的分析不透澈和不周密

人們對上帝的存在不僅沒有堅定的信念，而且他們全都是懷疑論者或無神論者，這種說法也許要正確些。如果有一種存在物任何時候都看不見，對於它不能有任何確切的表象，它的意義不明必然會使我們在下判斷的時候左右爲難，對於它，兩個人都不能有一致的看法，我們是否能夠相信這種存在物的存在呢？如果一種存在物的行爲處處都跟你們企圖對它加以設想的那一切觀念相矛盾，我們怎麼能深信這種存在物的存在呢？難道這樣的信仰不會意味著盲目附和社會輿論而放棄任何獨立思考嗎？眾人的宗教信仰是由神父支配的，但是難道不正是這些神父承認上帝對他們是不可理解的嗎？所以我們可以得出結論說，遠不是所有的人對上帝的存在都具有深刻的信念，像神學家們所寄望的那樣。

做一個懷疑論者意味著承認沒有充分根據作判斷。有些人把肯定上帝存在的論據和否定上帝存在的理由加以比較以後，寧願採取懷疑的態度，而不承認上帝。但是這種懷疑態度從根本上說，只是由於對問題的分析不夠深刻罷了。是否能夠懷疑明顯的眞理呢？思想健全的人都否定懷疑論，認爲懷疑論是不能成立的。凡是懷疑自身存在或太陽存在的人，只會鬧笑話，或者表明自己是一個僞君子。懷疑顯然不可能存在的上帝的存在，不是同樣的可笑嗎？難道懷疑自己的存在，比懷疑其屬性彼此互相排斥的上帝不可能存在更加荒謬嗎？莫非爲了信仰某種精神的存在物而找到的理由，可以比爲了相信棍子沒有兩端而找到的理由更多嗎？如果某種無限善良和強大的存在物容許和造成數不清的惡行，則關於這種存在物的觀念，難道會比方形的三角形概念更加合理和更能成立嗎？所以我們可以得出結論說：宗教上的懷疑論只能是對不斷違反最明顯、最簡單的眞理的神學教理分析不周密的結果。

懷疑——這就是說在考慮這個判斷或那個判斷。懷疑論——這不過是一種猶疑不決的狀態，這種狀態是由於對問題的分析太不透澈所引起的。如果我們願意費點氣力深入考察各種宗教原則，並且詳細的把作爲宗教基礎的上帝觀念分析清楚，在宗教問題上能不能繼續做一個懷疑論者呢？懷疑論通常是懶惰、軟弱無能和無動於衷的結果。大多數人之所以懷疑，其簡單的理由就在於：他們懶惰、捨不得花費一些勞動和時間來考察他們不感興趣的那些問題。可是大家都認爲，宗教之於人無論現世或來世都有極大的意義；因此，在宗教問題上感到懷疑和有著懷疑情緒的人是不愉快的；這些懷疑在任何狀態下都未必能夠使他安然入夢。凡是沒有足夠勇氣的人們，爲了不帶成見思考上帝這個一切宗教的基礎，絕對不能選定任何一種教理；他自己不懂得他應當信仰什麼，不信仰什麼；他應當承認什麼，否認什麼；倚靠什麼和畏懼什麼；總而言之，他沒有能力作出任何決定。

不應當把對宗教問題的冷漠態度與懷疑論混爲一談；這種冷漠態度，本身是以深信或承認宗教沒有任何益處爲基礎的。相信人們賦予最嚴重意義的事物沒有這種意義，相信這事物對我們是可有可無的，這種信念首先要求對該事物有十分深刻的分析，否則這種信念就不能存在。在宗教的各種根本問題上，通常自稱爲懷疑論者的那些人，大多數顯然是思想怠惰，或者沒有能力作深刻的分析。

一二四　反駁啓示

人類所有的宗教都堅決認爲有神靈的啓示，並且說上帝如何的向人們顯聖。上帝對人有過什麼啓示呢？祂是否確鑿的證實過自己的存在呢？祂是否把自己的住址通知過人呢？祂是否說過，祂是什麼以及祂的本質何在呢？祂是否詳盡無遺的說明過自己的計畫和意圖呢？祂的話與我們所見到的祂的計畫，結果是不是一致呢？當然不是這樣；上帝只是宣布說：祂

就是現在這個樣子；祂是**內心的上帝**；祂的道路是不可預知的；一旦人們敢於認識祂的祕密，或者憑藉理性來判斷祂自身和祂的各種創作，祂就會大怒。

啓示所宣布的神靈的活動是否和人們希望使我們接受的關於神靈的智慧、仁慈、公正、萬能的那些高尚觀念一致呢？絕對不一致。啓示把上帝描寫成一個偏私、專橫的存在物。如果祂也善良，那只是對自己特選的人民才如此，而對待其餘的人類則分明是敵視的。如果祂讓某些人親眼看到自己，則所有其餘的人就被祂控制在對自己意圖的毫無希望的無知中。預定只供少數人用的一切啓示，不是十分明顯暴露出神靈的不公正、偏私和陰險嗎？

神靈的啓示是不是使我們對理性和智慧的偉大感到驚異呢？神靈的意志是不是用在獲得啓示的民族的幸福上呢？我在分析全世界各種宗教的、神聖的啓示之後發現：神靈的意志只包含著毫無道理的懲罰、奇怪的誡命、某些毫無意義的、其使命是無法猜測的典禮的要求，以及某些有損於這些宇宙主宰的、滑稽可笑的儀式和禮節的要求；上帝的意志需要有血祭、聖餐、贖罪物，這些贖罪物對神職人員是極其有利的，而在其餘的人類來說則大受虧損。除此以外，我還發現神靈的命令，其目的常常是使人們變得暴戾乖張、目空一切、不容異說、好辯、處事不公，以及慘無人道的對待所有既沒有得到那些啓示、也沒有得到類似的命令、又沒有得到同樣的天國神恩的人。

一二五　上帝某個時候曾向人們現身並且和他們談話的說法，其證據何在呢？

上帝給人們的戒律果眞這樣英明嗎？這些戒律果眞勝過每一個有理性的人能夠得到的所有道德命令嗎？在我看來，神靈的戒律之所以神聖，只是因爲人的理智無法理解這些戒律的用處；依據這些戒律，美德在於人完全放棄自己的本性、在於自願忘掉理性、在於嚴正敵視自己；最後，依據這些戒律，凡是使我們自己遭受最殘酷的痛苦，而又不帶給別人任何利益的行爲，都被認爲是高尚的。

這個向人們顯身的上帝究竟是什麼呢？上帝果眞親自頒布過自己的法規嗎？人們是否聽見上帝自己的聲音呢？人們答覆我說：上帝不曾向全體人民顯過身，祂總是利用那些以說明和解釋上帝命令爲職務的特選人員作爲仲介。普通人絕對不許進入神殿，只有尊嚴的神職人員才有權告訴人民，神殿中所發生的各種祕密。

一二六　任何東西都不會證明神蹟的眞理性

如果我抱怨在神靈的任何一條啓示中，我看不出任何神的智慧、仁慈和公正；如果我懷疑我和上帝之間，神聖的仲介人是假仁假義、貪求虛榮、追逐私利的，人們就會勉強我相信，上帝透過一些驚人的神蹟確證了以祂的名義說話的那些人，註定負有特殊的使命。但是，向所有的人顯身並向他們說明自己，對上帝不是更加簡單些嗎？從另一方面說，如果我對這些神蹟發生興趣，那麼我就會看到，這一切都是形跡可疑的人散布出來、毫不近乎情理的寓言，這些人顯然熱衷於使人們相信，彷彿他們就是至高者的使者。

我們得到什麼證據可以使自己相信各種不可思議的神蹟呢？人們總是向我們引證一些無知民族的證言，但是，這些民族已經不存在好幾千年了，而且，即使他們過去能夠證實神蹟，也完全有理由把他們看成是受自己想像所愚弄的人，或者看成是受狡猾、權威的騙子所愚弄的人。你們會說，這些神蹟在根據不容置辯的傳統而遺留至今的書籍中得到了證明。但是寫這些書的是誰呢？保存這些書籍，並且使這些書籍一代一代傳下來的那些人是誰呢？就是那些宗教創始人或與他們共享利益的信徒。在那些宗教問題上，當事一方的證言是不可靠的，也不能成為眞理性的證明！

一二七 如果上帝和人們談過話，奇怪的是，祂用不同的方式和不同宗教信仰的人談話

上帝曾經用不同的方式向每一個住在地球上的民族說話。所以，印度人不相信對中國人說的任何一句話；伊斯蘭教徒認為對基督徒所說的一切都是虛構；猶太人則認為基督徒和伊

斯蘭教徒都是褻瀆、扭曲眞正法規的人，因爲上帝只向他的祖宗啓示過這些法規。基督教徒因爲得到了最後的啓示而自豪，他們把中國人、印度人和伊斯蘭教徒一律革出教門，甚至還把猶太人（聖經是從他們那裡流傳下來的）革出教門。那麼孰是孰非呢？各人都堅持說自己對；各人都援引同樣證據；各人都談論神蹟和預言，談論殉道者和祭司。思想健全的人則回答他們所有的人說：他們都是些瘋子，上帝從來沒有說過什麼話，因爲如果祂是精靈，則祂既無口又無舌；主宰萬物的上帝能夠使自己的創造物接受無論什麼思想，而無需憑藉凡人的言語器官；既然無論誰都不知道上帝是什麼東西，則十分明顯，上帝也不希望在這個問題上開導人們。

不同宗教的信徒們互相責備對方爲迷信和褻瀆神靈。基督教徒一聽到多神教徒、中國人、伊斯蘭教徒的迷信就會憤慨。天主教徒稱新教徒爲不信神者；反過來，新教徒也不斷用同樣罪名責備天主教徒。他們所有的人都是對的。

做一個瀆神的人，就是說對你崇拜的上帝具有輕侮的看法；做一個迷信的人，就是說對這個上帝具有錯誤的看法。當不同宗教的信徒們互相責備對方爲迷信時，就好像那些嘲笑駝背的駝子，雖然他們大家都對這種畸形感到同樣的痛苦。

一二八　神啓可疑的起源及其不可理解性

形形色色的神的使者向各民族人民鄭重宣布的神啓是不是明白的呢？可惜！眞找不到兩個人對神啓有同樣的解釋。認爲自己的職業就是向他人說明這些神啓的人們從來沒有表現過意見一致；他們借助符號、箴言、寓言、無窮的引證和注釋來解釋神啓；他們在其中尋找和其直接意義風馬牛不相及的神祕意義！爲了弄清楚上帝不願意十分明白的表現自己、也不願意讓自己希望加以教育的那些人，了解自己的上帝的命令，必須有仲介人。上帝總是寧可利用那些人的言語器官：始終可以懷疑他們不是自己不正確的理解了、就是故意扭曲了神靈的意志、並且正在愚弄其餘的人。

一二九　所謂神蹟的極端荒謬性

一切宗教的奠基人都用神蹟來證實自己是負有特殊使命的。但是，什麼是神蹟呢？這是違反自然規律的活動。那麼據你們看來，這些規律是誰確立的呢？是上帝自己。這就是說，按照你們自己的主張，你們的上帝過去預見一切，現在則破壞祂自己確立的自然規律！既然你們說，上帝認爲必須中止這些規律的作用，或者暫時取消它們，意即這些規律是不完善的，或者說在一定情況下，無論如何已經不符合同一個上帝的意圖了。

有人想使我們相信至高者的特選者，在至高者自身那裡得到了創造神蹟的權力；但是要知道，爲了創造神蹟，必須有能力創造新的原因，這些新原因要能夠產生和一般原因引起的那些結果相反的結果。是否能夠設想上帝曾經給予人們一種不可思議的力量，可以憑空創造和得出新的原因呢？是否能夠相信，絕對不變的上帝會使人們具有改變或修正祂的預定的權力呢？要知道，這種權力由於上帝的不變的本質，是祂自己所不能具有的。神蹟不僅不會增加上帝的偉大，不僅不會證明宗教起源於神，而且相反，祂十分明顯的否定人們企圖使我們接受的這些觀念：上帝是不變的、萬能的和統一的，其他任何人都不可能具有神靈的屬性。如果上帝應該全面掌握宇宙的整個計畫，如果上帝無法頒布不完善的法規，如果上帝無法改變這些法規，則神學家怎麼能夠向我們說，上帝不得不借助神蹟，以便實現自己的預定目的呢？或者說，上帝不得不具有產生神蹟的能力，以便實現自己神聖的意志呢？能夠相信上帝需要人的說明嗎？要知道如果萬能的存在物的指示始終是嚴格執行的，如果這種存在物支配著自己創造物的全部情感和思想，則只要這個存在物願意，就可以使這些創造物相信祂所中意的一切。

一三〇　反駁巴斯噶[40]關於神蹟的議論

宗教用神蹟來證明神靈的存在，而同時宗教的一切作爲卻引起我們對這些神蹟的懷疑，對於這種宗教有什麼可說的呢？當眞能夠相信基督教聖經中描繪的各種神蹟嗎？在聖經中，上帝自我誇耀說，祂使人心變得冷酷了，並且迷惑了註定要死亡的人們；在聖經中，記述著上帝自己如何的容許遊走四方醫生們和魔術家們像上帝的信徒們一樣，也創造了一些同樣驚人的神蹟；聖經預言說，反基督者將有權創造神蹟，這些神蹟甚至可以動搖特選的遵守教規者的信仰。在所有這些條件下，我們應當根據什麼特徵來猜測，上帝是希望開導我們呢，還是想使我們中圈套呢？怎樣分辨神蹟來自上帝還是來自魔鬼呢？

巴斯噶願意幫助我們擺脫這種窘境，他十分嚴肅的肯定說：「必須根據神蹟判斷教理，也必須根據教理判斷神蹟；神蹟證實教理，教理也證實神蹟。」如果可以談到惡性循環，則這種迴圈恰恰表現在這一位基督教最著名的保衛者的此種深奧的推論中。世間是否有一種宗

㊵ 布列茲．巴斯噶（Blaise Pascal，一六二三—一六六二），法國學者和哲學家。以物理學和數學領域中的出色研究著名（有流體靜力學和概率論方面的著作）。在哲學上是唯心主義者，接近於冉森教派。他的主要哲學著作是未完成的、寫來保衛唯心主義和基督教的《思想錄》。巴斯噶還有《致外省人的信》（一六五八），從冉森派的立場給予耶穌會教徒及其道德以毀滅性打擊。——俄譯本注

教不會妄想使自己的教理具有絕對的優越性，也不會援引無數的神蹟來證實這些教理呢？

神蹟是否可以否定已經得到證明的、眞理的明顯性呢？即使有人有本領醫治病人、矯正跛者、使某城所有死了的人復活、凌空飛翔、不讓日月運行，但是這個人是否可以使我相信：二二不得四、一等於三、而三等於一，其大無外、遍布宇宙的上帝可以在某個猶太人身上得到體現，創世紀者會像普通的人一樣死去，被認爲永恆不變的、能看見一切的和睿智的上帝能夠改變自己對它親自創造的宗教的態度，並且用新的啓示來改造這種宗教㊶呢？

一三一　根據神學本身的原則，任何新的啓示都應當被認爲是虛妄和褻瀆

根據宗教（無論是自然宗教或者是天啓宗教）本身的原則，任何新的啓示都應當被認作是虛妄的；對於根據神靈親自的啓示而宣布的宗教教理的任何改動，都應當看成是對上帝的褻瀆和誹謗。任何宗教改革都意味著上帝最初並不能帶給人完善的和確定的宗教教條。斷言上帝頒布自己最初的法規時，應當適應祂所要開導的人民的愚昧觀念，無異於認定上帝不可能和不願意使祂所遴選的人民，具有能夠幫助他們成爲符合上帝心意的人民的理性。

㊶ 指基督教。——俄譯本注

如果當年猶太教的確是上帝給予人們完善、不變、萬能和無所不見的宗教，則基督教就應當認爲是異端邪說。基督教的前提或者是上帝經過摩西而訂下的律法中的某些缺點，或者是上帝自身的軟弱和僞善，因爲祂不能或者不願使猶太人變成祂希望見到的那種人。所有新宗教或者所有經過改革的古代宗教，顯然都是以神靈的軟弱無力、反復無常、毫無遠見和陰險毒辣爲基礎的。

一三二　甚至殉教者所流的鮮血也否定神蹟的眞實性和基督教的神聖起源

如果我從史書中知道最初的宗教使徒、奠基人和改革者創造了偉大的神蹟，則史書同時也記述著，這些從事宗教改革的使徒及其繼承者曾經招致普遍的敵視、受到迫害，並且被當作人民安寧的破壞者而判處死刑。因此我要懷疑他們眞的創造過妄加在他們身上的種種神蹟。要知道，這些神蹟本來應當使許多目睹這些神蹟的人站到他們這邊，因爲這些神蹟無疑會袒護和保衛創造神蹟的人。當我聽到創造神蹟的人受到了駭人聽聞的刑訊和殘酷的折磨，我的懷疑開始增加。是否可以相信，受到上帝親自保護而且被上帝賦予創造神蹟才能的神靈使者們，不可能利用最簡單的神蹟使自己免遭迫害者的毒手呢？

神學家們居然從迫害這件事實本身中巧妙的、令人信服的證明殉教者們宣揚的宗教的眞理性。但是如果一種宗教認爲許多殉教者的功勞在於捨身成仁，並且告訴我們說，宗教創立者們爲了傳播宗教曾經歷盡千辛萬苦，則這種宗教便不可能成爲全善、公正和萬能的上帝的宗教。全善的上帝不會容許祂選出來向人們宣布自己意志的那些人遭到毒手。萬能的上帝既然願意給人們宗教，就能夠找到其他更簡單和不致危害自己忠實信徒的方式和途徑來達到這個目的。斷言上帝希望用鮮血證明自己的教義，這等於認定這個上帝是軟弱無力、不公正、忘恩負義和嗜血成性的，也等於認定這個上帝爲了自己的虛榮而背信忘義的犧牲自己的使者的生命。

一三二　殉教者的狂熱、傳教士的僞善和自私的篤信，絕對證明不了宗教的眞理性

爲宗教而死還無法證明這宗教是眞而且神聖的。這頂多證明殉教者相信他們的宗教是眞而且神聖的而已。如果有人熱衷於爲宗教去送死，那他不過是證明宗教狂熱常常會比對生命的眷戀更爲強烈。一個罪犯同樣可以視死如歸。在這種情形下對於這個罪犯也可以說：他從必然中成就了美德。

有些傳教士不顧被迫害和遭毒手的危險，毅然宣揚自己的教義，他們這種崇高的英雄氣概和無私的勤奮精神，常常使我們驚訝和感動。這些傳教士所宣揚的宗教眞理性的結論

就是根據這樣一些拯救人類的壯舉得出來的。但是他們的無私精神究只是一種表象。誰不冒險，誰就不會贏得勝利。傳教士一經同意傳教，他就像所有的賭徒一樣聽天由命；他知道，如果幸而能說服自己的一群信徒，就會成爲他們的絕對的主人；那時他就可以確信，被說服者會對他備加關懷、尊重和敬仰；那時他就有充分的理由可以指望，他將過著自由和有保障的生活。這就是鼓舞許多雲遊世界的預言者和傳教士的熱忱和自我犧牲精神的眞實動機。

爲某種信念而死同樣證明不了這種信念的眞理或優越性，正如死於戰鬥絲毫不能證明爲了自己的利益而使許多失掉理智的人，準備付出自己生命的國王是正義的一樣。沉醉在希望得到天堂快樂的殉教者的英勇行爲，並不比在熱烈追求光榮的鼓舞下、或者在害怕蒙受恥辱的推動下的戰士的英勇行爲更神奇。當某個易洛魁人（Iroquois）將被火燒死的時候，他快活高聲歌唱，而聖潔的殉教者勞倫斯則在自己暴君的篝火上破口大罵，這兩個人之間的區別何在呢？

任何新教理的宣傳者們照例都死於非命，因爲實力不在他們這方面；所有的使徒都擔當著冒險的事業，並且早就料到他們面臨著各種危險；但是他們的英勇就義絲毫不會證明他們的信念是眞理，也絲毫不會證明他們處心誠實，正如某個野心家或強盜的暴死，並不證明他有權破壞社會安寧，也不證明他有這種權利一樣。傳教士的職業始終是符合野心家的口味，而這種職業之所以引誘野心家，是因爲他們可以靠犧牲人民的利益而過優裕的生活；這些好處可以足以抵過各種可能的危險。

一三四　神學使上帝變成理性和教育的敵人

神學家啊！你們說：「人以為狂妄，則神以為智慧，因為上帝喜歡使世間的智者不知所措。」但是難道你們自己不是認為人的智慧乃是上天的饋贈嗎？當你們說這種智慧是上帝所不歡喜的，它在上帝心目中只是狂妄，上帝會指引它走上錯誤的道路的時候，你們因而就斷定了：上帝只能成為未受教育的人的朋友；祂送給了所有思想健全的人這樣一件致命的禮物，以至有朝一日這個專橫的暴君，本身會為這件禮物而殘酷的懲罰他們。只有同理性和健全的思想決裂，才能與你們的上帝和睦相處，這眞是咄咄怪事！

一三五　信仰和理性不相容，應要理性，而不要信仰

用神學家的話來說，信仰就是承認不明確的眞理。由此可以推出，宗教要求我們堅信無法證明和不明確的事物，相信不大可靠的和根本違反理性的原理。但是承認理性無法解決宗教問題，豈不等於承認信仰和理性不相容嗎？因此，如果信徒們堅決的排斥理性，他們顯然是明白理性和信仰不可能相容，而信仰也顯然只在於盲目的服從神父，因為在許多人看

來，神父的權威高於任何明確的眞理和我們感官的見證。

「消滅理性吧！放棄經驗吧！切勿相信自己的感官；而要不加批判地接受我們以上天的名義向你們鄭重宣布的那些話！」這就是世間所有的神父說教時永遠不變的根本內容；他們取得一致承認的唯一原理就是，當他們把對人們的幸福彷彿有頭等重要意義的教理告訴人們時，必須禁止人們思考。

我不放棄自己的理性，因爲只有理性我才有可能區別善惡，分辨眞僞。如果用你們的話說，我是從上帝本身那裡得到理性的，那我絕不會相信；如你們所說，這樣仁慈的上帝把理性給我只是爲了騙我上圈套和使我陷於死亡。神父們啊！難道你們看不出，你們攻擊理性的時候也就是誹謗上帝嗎？因爲按照你們的信念來說，正是上帝使人們具有理性。

我不放棄經驗，因爲經驗是比強迫我承認的教會牧師的想像或權威更可靠和更正確的顧問。經驗教導我：狂信和自私會使這些牧師喪失理智，因而陷入謬誤，在我的理性看來，已有的經驗是比許多人那些値得懷疑的斷語更有價値得多的證據，因爲正如我所知道的，這些人是能夠自欺或熱衷於欺人的。

我不能盲目的相信自己的感覺，因爲我知道感覺有時會使我陷入謬誤；但是我又知道，這些感覺並不是永遠欺騙我的。我深知我的眼睛所看見的太陽比實際上的太陽小許多倍；但是，作爲我們感性知覺，反復、自覺的運用的經驗教導我，我們之所以覺得一切對象比較小是因爲距離有遠近；因此我才能夠相信太陽比地球大許多倍；於是，借助於同樣感官，我可以相信和修正自己最初的感性知覺。

神學家要我不相信我的感官見證，他們因此也就消滅宗教的一切證據。假使人們能夠被自己的想像所愚弄，又假使他們的感官知覺是不足信的，怎麼可能要求我相信，當年我的祖先同樣不足信的感官所知覺的神蹟呢？斷言我的感覺是不可靠的見證，那等於是叫我也不要相信在我眼前發生的神蹟。

一三六　勉強說信仰勝於理性的各種詭辯的荒謬性和滑稽可笑

你們反復不斷的對我說，*宗教眞理勝過我們的理性*。但是，難道你們不是同時承認，這些眞理不是爲有理性的存在物創造的嗎？以爲理性會欺騙我們，無異於認定眞理會是虛妄的、有利的東西會是有害的。如果理性不認識有利和眞理，這理性是什麼呢？其次，既然我們這一生的行爲只能遵循多少得到發展的理性的指導，換句話說，既然我們這一生的行爲只能遵循我們所具有的那個理性和自然賦予我們的那些感官的指導，則斷言理性是不可靠的顧問，斷言我們的感覺會欺騙我們，實無異於認定我們的謬誤是不可避免的、我們的無知是不可克服的，這就是說，除非上帝容許極端的不公正，否則就不能因爲我們遵循著上帝願意讓我們得到的唯一導師的指示而懲罰我們。

認定我們必須相信我們的理性無法理解的事物，這種看法是荒謬的，正如斷言上帝要求我們無翼而飛是荒謬的一樣。確信有一些事物是不許我們的理性去判斷的，無異於斷言在我們認爲最重要的問題上，只需根據我們的幻想來考慮，或者盲目的行動。

我們的神學家確信，彷彿我們應當爲上帝而犧牲我們的理性；如果某個存在物雖然估計我們不會使用這些無益的饋贈，卻一定要把這些饋贈送給我們，那麼根據什麼理由我們應當向這個存在物作這種犧牲呢？如果用某些神學家的話來說，這個上帝非常陰險，竟而使人心變得冷酷和使自己創造物失去理智，以便騙他們上圈套和**受到誘惑**，我們是否可以相信這樣的上帝呢？而且最後，如果神職人士要我們不去利用自己的眼睛，因爲這樣更便於他們控制我們，我們是否可以相信這些人士呢？

一三七　怎麼能夠要求人在對他有重要意義的問題上相信空話呢？

人們都自信宗教是世間對他們最重要的事物，但這正是在宗教問題上，他們根本放棄獨立的判斷。在談到某種有價值的東西、談到買田置房、談到金錢的存放、談到某些合同或契約的時候，任何人都會詳細的討論每個細節，採取一切防範辦法、句斟字酌，估計各種意外情形和偶然事件。而在宗教問題上，大家卻盲目行動、相信空話，不願意用心認眞的思索一番。

在我們看來，人們之所以漫不經心和疏忽大意的對待各種宗教問題是由於兩個同樣重要的原因。第一，完全不相信在必然籠罩任何宗教周圍的那團黑暗氣氛中，能夠摸到任何最小的憑藉物；宗教的各種根本原則的確只能使懶惰的頭腦產生反感，他們會在明顯的和不可想像的概念混亂面前退卻，因爲他們認爲自己沒有能力弄清楚這些概念。第二，絕大多數人並不是竭盡心力執行宗教的命令，這些命令大家都是口頭上尊重，而事實上很少有人去執行。對於許多人來說，宗教和古老的傳家寶一樣，當不需要拿它們作用的時候，誰也不會動手去撣掉上面的灰塵，而讓它們繼續躺在家裡的倉庫中。

一三八　只有在智力薄弱和懶惰無知的人身上，宗教才是根深蒂固的

畢達哥拉斯[42]的學生們盲目的相信自己老師的學說；他們對所有的問題都用一句話來解決：他這樣說過。絕大多數人的行爲也都是同樣不合理的。在宗教問題上隨便一個神父或者隨便一個不學無術的僧侶，都是思想統治者。信仰縱容人類理智的弱點，在這種理智看來，任何智力活動通常都是令人苦惱的勞動；信賴他人比獨立思考要方便得多；任何分析都是緩慢而且艱難的工作，它既不會使無知的蠢漢感興趣，也不會使熱情過度的人感興趣；正

---

[42] 畢達哥拉斯（Pythagoras，西元前約五七一—四九七年），古希臘唯心主義哲學家和數學家。——俄譯本注

因爲如此，信仰才在地球上找到爲數如此眾多的信奉者。

人們愈是不理智，他們愈是沒有受過教育，他們就愈是表現出更多對宗教的嚮往。在所有的教派中，完全處於僧侶影響下的婦女表現得最爲熱心。人們在各種神學爭論中，像猛獸一樣的攻擊神父，唆使他們去反對的那些人。極端的無知、最大的輕信、十足的糊塗和狂熱的幻想，這樣就產生篤信宗教的人、狂熱者和聖徒。怎麼能夠啓發那些一心要指導他們，卻不讓他們進行任何智力勞動的人的智慧呢？虔信者和人民在自己的牧師手上變成了一部他們可以隨心所欲控制的機器。

第二部分　宗教的社會作用

一三九　所謂存在眞正的宗教的說法是極其荒謬的，這種說法是政府動盪的根源

宗教是一個習慣和時尚問題；應當像大家一樣行動。從世界上已知的全部宗教中選擇哪一種宗教呢？這會是極其困難的選擇，而且需要花費大量的時間；因此必須接受父輩的宗教，即接受國內宣傳的和國王同意的宗教，因爲這種宗教有實力作後盾，所以當然應當是最好的。個人和整個民族選擇哪一種宗教純粹是偶然的事情；如果法國人的祖先當時沒有擊退撒拉森人㊸的入侵，他們今天就不會是基督教徒，而會是正統的伊斯蘭教徒。

如果我們對神靈在這個世界所發生的各種事件和變遷上的意圖作過判斷，我們就不得不認爲它一視同仁的對待世間所宣傳的各種不同的宗教。幾千年以來，地球上曾經是異教、多神教和偶像崇拜占統治地位；在今天，人們都確信，整個這段時期中最繁榮的民族對，於人類似乎如此需要的神靈並沒有任何觀念。基督教徒認爲，除了猶太人以外，即除了一小撮備受壓迫的人們以外，全人類在對神靈的義務方面仍然處於最令人失望的無知狀態中，並且對

㊸ 撒拉森人（Sarrasins），古代著作家給最古老的一個阿拉伯部落的稱呼；後來基督教的著作家們把這個名稱泛用於所有一般的阿拉伯人和伊斯蘭教徒。霍爾巴赫所謂法國人的祖先擊退了撒拉森人的進攻是指八世紀時以卡爾．馬德爲首的法蘭克人反擊侵入南高盧的阿拉伯人說的；普瓦捷戰役（Bataille de Poitiers，七三二年），法國人獲勝，戰爭遂結束。——俄譯本注

神靈的偉大抱著最褻瀆的看法。導源於猶太教而在其形成時期，以極端柔順爲特色的基督教，透過信奉基督教的皇帝的統治，變成了一種強大而且殘暴的力量，這些皇帝受著神聖的熱情的驅使，在自己的版圖內，從被蹂躪的異教廢墟上，用劍和火確立了基督教。穆罕默德和他的後繼者們憑藉著天意或者說借助於自己的戰無不勝的武器，在短時期內就把基督教從亞洲、非洲甚至歐洲的某些國家中驅逐出去；從此以後，在這些國家裡，福音書就不得不把自己的權利讓給《可蘭經》。

許多世紀以來，所有的教派和異端使得各個基督教國家四分五裂。在這些教派和異端中，強者的理由永遠是正確的。關於最有拯救力量的宗教的爭論，永遠是由實力和君主的意志來解決的。難道這不會使得我們作出結論——不是神靈對人類宣傳什麼宗教漠不關心，就是這個神靈永遠同情世俗當局所屬意的那些教理，而且一旦君主認爲必須改變宗教信仰，它就準備改變自己的同情嗎？

馬卡薩小王國㊹有個國王對偶像崇拜感到了厭倦，忽而想改奉其他信仰。御前會議對於是要召請基督教神學家？還是召請伊斯蘭教神學家？這個問題進行了長期的討論。會議認爲不可能確定這兩種教理中誰優誰劣，於是決定同時邀請兩種宗教的傳教士，並且接受最初來

㊹ 指早在十七世紀即已存在於印尼的蘇拉威西島上的馬卡薩王國。——俄譯本注

到的那些人的教條；誰也不懷疑御風而行的上帝正是用這種方式表示自己的意志。因爲伊斯蘭教傳教士的動作更加迅速一點，於是這位國王就和自己的人民一起接受了伊斯蘭教；基督教的傳教士空手而返，他們把過錯歸於自己的上帝沒有讓他們及時到達。[45]由是觀之，上帝承認純粹偶然的情況決定了一個民族之選擇這種宗教或那種宗教。

一個民族對宗教的選擇永遠是由它的統治者決定的。國王所信奉的那個宗教，永遠是眞正的宗教；國王命令崇拜的那個上帝，永遠是眞正的上帝；因此，指導國王的僧侶的意志，也就永遠是上帝自己的意志。某個詼諧家指出過：「國王和劊子手所支持的那個宗教永遠是眞正的宗教。」皇帝和劊子手們曾經在漫長的時期，保衛了和基督教的上帝對立的羅馬諸神；但是當基督教的上帝把皇帝及其士兵和劊子手拉到自己這邊來以後，它就取消了對羅馬諸神的崇拜。穆罕默德的上帝又順利的把基督教的上帝，從大部分先前信奉基督教的國家裡驅逐出去。

亞洲東部有一個幅員遼闊、經濟繁榮、物產豐富的國家，這裡的人口十分稠密，這裡行使的法律是如此英明，連最野蠻的侵略者也恭敬的效法，這個國家就是中國。除了被當作極其危險的宗教教理而從中國驅逐出去的基督教以外，住在這個國家裡的所有民族，都可以信

㊺ 參看《馬卡薩王國史述》（*Description historique du royaume de Macassar*），巴黎，一六八八。——著者注

奉他們所選擇的任何一種宗教；早已不再相信民間宗教教理的滿大人及其吏佐，只是注意不讓佛教和尚或神父們利用宗教來破壞社會安寧。在這種情況下，我們不能說上帝沒有把自己的恩典給予其統治者不大關心於崇拜這上帝的人民；恰恰相反，中國人享受的幸福和安寧是值得其他許多四分五裂、備受精神痛苦，並且常常爲宗教問題而訴諸武力的民族羨慕的。

用健全的推理和論據迫使人民放棄謬見是不可能的，但是可以治療統治人民並且有可能防止民眾騷亂所引起的各種危險的那些人的狂妄。迷信得到國王和士兵的支持，它就是可怕的；那時迷信就會導致殘酷行爲和流血事件。任何統治者只要保衛某一個教派或宗教組織，則對於信奉其他一切教理的人來說，這個統治者通常就會變成暴君，同時他自己也會殘酷可怕的破壞自己國家的安寧。

一四〇　道德和美德是不需要宗教的

人們不斷反復對我們說（許多思想健全的人也遲早開始相信這點）：宗教對人們起節制作用；沒有宗教，人民就會失去精神約束力；宗教與道德和美德有密切的聯繫。人們對我們說：「對上帝的恐懼是智慧的開始。對來世苦難的恐懼是一種有拯救意義的、控制人們欲念和惡習的恐懼。」

只要用沒有成見的眼光仔細觀察最熱心於信奉宗教的民族的道德，就可以否定宗教觀念的有益性。我們看到，統治這些民族的，是有虛榮心的暴君，他們的周圍都是作爲壓迫者的內閣大臣、陰險的御前官吏、人數眾多的貪汙分子、心術不正的官僚、高利貸者、僞善之徒、通姦者、貪淫好色者、賣淫婦、各色各樣的小偷和騙子，儘管這些人絕不懷疑復仇的和懲罰的上帝的存在，也不懷疑地獄的苦難以及天堂的快樂。

至高者的信徒們根本不考慮人們的利益，千方百計使自己的追隨者對死亡產生一種無法克制的恐懼。如果最虔誠的基督教徒是始終一貫的，他們整個一生都應當在流淚中過日子，而且在臨終的一刻，應當感到極度的驚慌不安。人們時刻都向不幸的人反復的說「在世的人落到上帝手裡是可怕的！」、「應當用恐懼和戰慄的心情祈求上帝拯救！」對於這些不幸的人來說，有什麼東西比死亡更加可怕啊！同時，人們還要我們相信，死亡會給帶基督教徒無限的慰藉，這種慰藉是不信宗教的人所沒有的。人們對我們說，一切眞正的基督教徒至死都堅定的把希望寄託在他力求得到的永恆快樂上。但是這種堅定的希望，在嚴峻的上帝心目中是不是一種犯罪性的過於自信呢？要知道，甚至是最偉大的聖徒都無法知道，**他們應當愛神還是應當恨神**？神父們之所以拿天堂快樂的希望來安慰我們，其目的在於迫使我們忘記地獄的苦難！你們看到自己的名字寫在**生命簿**上豈不是神恩嗎？

一四一　宗教無力遏制人的欲念

把模糊不清的和誰也不理解的關於某個形而上學的上帝的觀念、把難以置信的地獄懲罰和人所不知的天堂快樂，跟人的欲念和切身利益對立，這難道不等於用虛幻的武器來反對實在的罪惡嗎？人們關於自己的上帝只有最混亂的觀念；可以說他們永遠是在霧裡看上帝的；他們有意作惡的時候，是絕對不會想起上帝的；無論是上帝，或者是上帝的威嚇和允諾，都絕不會阻止人不受虛榮心理、自私觀念或貪求享受的願望所支配。地球上的一切事物在人看來是最可靠的，任何即使是最狂熱的信仰也不能使彼岸世界具有這種可靠性。

一切宗教在其剛產生的時候，似乎可以有效的制止立法者企圖使無知人民的理智屈從於自己。正如母親嚇唬孩子，以便迫使他們不出聲一樣，野心家們利用上帝的名字，以便使野蠻人有所畏懼；他們用恐怖作手段企圖迫使這些野蠻人毫無怨言的忍受他們的暴政。難道嚇唬兒童的紙老虎對成年人也用得著嗎？成年人早已不相信什麼牛頭馬面了，如果還相信的話，這些牛頭馬面也很少打擾他，他也不會爲這些東西離開既定的道路。

一四二　名譽是一種比宗教更強大和更合理的約束力

人對他看不見的事物所感到的恐懼，不會比對他看得見的事物感到的恐懼更大；沒有人會不怕世人的裁判，而更害怕上帝的裁判，因爲他親身直接感受到世人裁判的後果，而對上帝的裁判，則只有最混亂的觀念。希望受人歡迎、忠於傳統、懼怕惹人譏笑和擔心人們議論是非，這就是比宗教觀念更強大得多的種種動因。難道戰士們投入戰鬥時沒有生命危險嗎？但是由於懼怕蒙受恥辱，他才敢於殺死自己的同類而去忍受永恆的苦難。

最信仰宗教的人，對僕人的尊敬常常大於對上帝的尊敬。另一種人一方面堅決相信上帝看見一切、知道一切，而且冥冥中到處存在；另一方面卻背地裡讓自己作出一些如果上帝存在在凡間，他就絕對不敢做的行爲。

甚至自稱宗教信仰最深的人的行爲，往往也表現得好像他們絕對沒有任何信仰一樣。

一四三　宗教也不能成爲一種約束國王的力量

人們對我們說：「讓人們保留著隨便什麼樣的上帝觀念吧！因爲唯有這種觀念才能遏制君主的欲念。」但是老實說，難道我們在什麼地方見到過自稱是上帝在凡間的全權代理人的君主，什麼時候用自己的行爲表示過對神靈的恐懼嗎？如果我們判斷了原本在凡間的替身的話，我們對這個原本又能有怎樣的看法呢？

國王的確把自己稱做上帝的代表，稱做祂在凡間的全權代理人。但是，難道對於比這些國王更強大的這個統治者的恐懼，曾經使任何一個國王比較善意的關心天意，委託他們照管的人民的幸福嗎？難道似乎在一個不可見的審判者（君主們只應當向這個審判者報告自己的行爲）面前所感到的恐懼，曾經使他們變得比較公正、比較人道嗎？難道這曾經限制過他們對臣民生命財產的侵害和對奢侈的渴求嗎？難道對神靈的恐懼，曾經使他們誠實的對待過自己的義務嗎？最後還有，難道似乎把統治人民的權利授予君主的上帝，會妨礙這些君主千方百計的虐待自己本來應當加以指導、保衛和監護的人民嗎？毫無成見回顧一下現實情況吧！那時你們就會相信，整個地球上的人民是受暴君統治的，這些暴君利用宗教來更加愚弄自己的奴隸，使他們呻吟在君主淫佚生活的壓迫下，同時君主們都無情的使他們成爲滿足乖戾、古怪念頭的犧牲者。

宗教不但不是約束國王的力量，而且根據宗教的種種原則，君主更得到絕對專制的權力。宗教使君主變成崇拜的對象，同時不准許各國人民反對他們的獨斷專行。宗教解除君主在社會契約方面的種種義務，另一方面又從實際上和精神上束縛受他們壓迫的臣民。如果君主——這些凡間的神靈，認爲自己可以爲所欲爲，而且把自己的臣民當作滿足自己的古怪念頭和虛榮心理的卑賤工具看待，那又有什麼奇怪呢？

宗教把自然界的統治者變成最殘酷、最荒誕、最徇私的暴君，這暴君的古怪念頭就是它唯一的法律。所以應當說，凡間君主很會模仿自己的天上的原身。宗教的唯一作用到處都一樣，這就是愚弄受奴役的人民，使他們的統治者有權隨意處置他們的生命和命運。

一四四　給君主們的幾句明智的忠告

爲了打擊企圖控制君主的、狂妄自大的最高主教的野心，以保證自己的安全，爲了保衛自己不受僧侶所挑撥、輕信而又狂熱的人民的侵害，許多歐洲的國王曾經宣布，他們的權利和王位是上帝親自授予的，他們只應當向上帝報告自己的活動。既然世俗當局在與教會當局的交戰中總是最後勝利者，於是僧侶不得不承認君權是神授的；因此僧侶灌輸人民一種君權神授的思想，不過爲自己保留著一項權利：即有權改變自己在這個問題上的觀點以及每當君主的神授權利與僧侶的神授權利背道而馳的時候有權宣傳起義。教會當局和世俗當局之間的休戰，總是犧牲人民利益的結果；但是神父們是不顧任何契約的，他們繼續爲自己的優越地位而戰鬥。

許多暴君，許多卑鄙的君主，他們怠忽職守和淫佚放蕩的行爲本來應當不斷的受到良心的責備，但反而，不但不懼怕上帝，甚至寧願與這個不可見的和絕對不會反駁他們的審判者打交道，或者說，寧願與百依百順並且總是決心和自己的信徒串通一氣的審判者打交道，而不願與自己的臣民打交道；可是極端絕望的人民總有一天終將否認神授的君權。絕望已極的民眾將會擺脫屈從地位，並且強迫暴君連同他們神授的權利，一起拜倒在人的自然權利面前。

與上帝交涉比與民眾交涉容易些。君主們對自己的活動只向上帝負責，神父們則只是對自己負責；有一切理由假設，無論君主或神父對於上帝的寬容態度比對民眾的長期忍耐精神抱著更大的信心。

籠絡神明並不那麼困難，逃避神明的審判比逃避絕望已極的民眾的判決要容易得多。

「如果你們取消君主對不可見的和萬能的上帝的恐懼，你們又用什麼東西來控制他們的欲念呢？」讓君主們學會治理自己的人民，讓他們學會做一個公正和尊重人民權利的人；讓他們承認，應該把自己的權力和偉大歸於臣民；讓他們認識到，首先應該害怕人類的審判、應該服從公正的法律，凡是違反這些法律的人都必須受懲罰；讓這些法律平等的適用於弱者和強者、大人物和小人物、君主和他們的臣民。

對神靈的恐懼、宗教、來世生活的可怕景象，這就是用來抵制君主狂熱欲念的形而上學和超自然的障礙物！這些障礙物究竟對誰不利呢？這個問題是由經驗解決的。用宗教抵制暴君的殘酷，無異於認為模糊不清、難以捉摸和無法了解的抽象議論，會比得到大家縱容的君主的自然傾向更強大有力。

一四五　宗教只會培養出專橫獨斷、腐化墮落的專制君主和百依百順、不敢反抗的奴隸

人們不斷向我們吹噓宗教對政治的良好影響；但是，我們很容易就可以相信，宗教觀念無論對君主或人民的神智都有同樣的蒙蔽作用，這些觀念絕對不會使他們正確的認識眞正義務和利益。一方面宗教總是培養專橫無道的暴君，另一方面又總是培養俯首貼耳、被迫服從這些暴君的奴隸。

君主們並不研究也不企圖認識權力的眞正基礎、社會目的和社會權利、民眾的實在利益和他們相互之間的義務，所以他們幾乎全都變成了專橫獨斷、腐化墮落和淫佚放蕩的暴君，而他們的臣民則變成了不幸的、兇狠的和卑賤的奴隸。正是爲了使自己不用腦筋去考慮這些十分重要的問題，君主們認爲最好求助於幻影，不過這些幻影僅僅加深了人類的痛苦，使人類放棄了對他們最重要的任務，此外，迄今都沒有任何用處。

壓迫著世界上許多人民的暴虐無道的政治制度，不也是十分明顯的、最令人信服的證明，對來世生活的恐懼不會給予民眾絲毫的影響，以及絕對沒有什麼關懷人類命運的天意存在嗎？假使全善的上帝眞正存在，我們豈不是要被迫承認祂完全輕視（無論這多麼奇怪）地球上絕大多數人的命運嗎？我們可以認爲上帝過去之所以創造了全體人民，只是爲了使他們

變成自己在凡間，猖獗和瘋狂的君主手上的玩具。

一四六　和所有的宗教一樣，基督教也是專制制度最可靠的保衛者

如果我們追溯歷史可以看到，基督教最初是沒有任何影響的，經過某個時間以後，才在歐洲野蠻的和自由的各個民族間傳播，因爲這些民族的首領懂得這種新教理會帶給專制制度利益，和使他們得到絕對的權力。我們看到，蒙昧的小邦首領們神速的接受了這種教理；他們毫無批判的掌握了助長他們的虛榮心理的這種體系，和不擇手段的使自己的臣民改信基督教。如果這種宗教的信徒們，從那時起之所以時常也放棄了自己不人道的原則，那只是因爲他們的行爲僅僅服從於爲他們在凡間的利益服務的體系。

人們讚揚基督教，說它好像爲民眾開闢了一條道路，通向前所未聞的快樂生活。誠然，希臘人不曾有過關於暴君和他們祖國的掠奪者的神授權利的任何概念。在信奉多神教各民族間，誰也不會設想好像老天爺不願意人民爲了自衛而抵抗兇暴的、侵害他們的生命和家畜的猛獸。基督教發明了一種使暴君權利合法化的辦法，同時建立了一種主張人民應當放棄自衛的教理。因此，信仰基督教的各民族的基本自然權利就失去了保障，因爲自然權利叫人反抗惡和解除一切威脅人的生命的人的武裝！如果教會人士也經常讓人民武裝起來保衛神的事業，則他們無論如何，不允許發生暴動反對實在的惡和明顯的暴力行爲。

加在人類理性身上的枷鎖是在天國錘鍊的。爲什麼伊斯蘭教徒到處都處於奴隸地位呢？因爲他們的先知用自己上帝的名義奴役了他們，正如它以前的摩西用同樣的手段奴役了猶太人一樣。

在世界上所有的地方，最初的傳教者也就是野蠻民族最初的統治者和最初的祭司，他們使這些民族得到了法律和宗教。

看來，虛構出宗教的唯一目的只在於奴役人民和使人民處於專制政權的統治下。只要民眾感到自己在凡間的生活十分不幸，人們就會用神靈的憤怒相威脅，強迫他們沉默；人們就會叫他們向上天禱告，其目的在於使他們不注意自己痛苦的眞實原因，更不要讓他們想起用大自然賦予民眾的那些手段與這些原因進行交戰。

一四七　宗教的唯一目的就是使君主的暴政永遠存在，和使各國人民屈從於這些君主

人們不斷告訴民眾：地球不是他們眞正的祖國；凡間生活只是一個到彼岸生活的過渡階段；人創造出來不是要在這個世界上享受幸福的；君主們是在登極時受過神塗聖油的人，對於所有濫用權力的行爲，他們只應向上帝報告，因爲這權力是上帝給予他們的；反抗君主是

上帝所不容許的，於是僧侶就使暴政和壓迫各國人民的現象永恆化了；人民的幸福被當作其統治者利益的犧牲品給出賣了。我們對各種宗教教條和宗教原則研究得愈多，我們就愈相信它們的唯一目的就在於保衛暴君和僧侶的利益，而損害社會的利益。

爲了掩飾自己冷漠無情的神靈的軟弱無能，僧侶順利的迫使人們相信：民眾本身的過錯和反抗行爲，可以激起神靈的怒火。因此人民經常遭受災難和不幸，全都只能責怪自己。有時人們也因爲自然界的災變而受痛苦。但是接連不斷的災難，直接造因者通常總是那些卑鄙的統治者，而人民則應該毫無怨言的忍受他們的統治。難道不是皇帝和當朝權貴的虛榮心、不良心術、惡習、壓迫造成了歉收、破產、戰爭、瘟疫、世風敗壞和一切使土地荒蕪的無數慘禍嗎？

僧侶經常要人們把眼光注視著天國，使他們承認一切痛苦都是神靈憤怒的結果，告訴他們一些毫無用處、也毫無益處的辦法去抵抗這些痛苦，僧侶的目的看來只在於不讓人們去思考他們受難的眞實原因，以便因此使他們的痛苦永遠存在。宗教人士很像赤貧的母親，她們沒有麵包，就企圖用小調使自己挨餓的孩子睡覺，或者用小玩具轉移他們的注意力，使他們忘掉強烈的饑餓。

人們從小就受到謊言的蒙蔽、受到種種無形的偏見的束縛，由於嚇人的慘狀而失去知覺，由於愚昧而呆若木雞，在這種情況下，他們是否能夠認識自己痛苦的眞實原因呢？他們相信只有從上帝那裡才能得到幫助。唉！難道他們看不出人們正是藉著這個上帝的幌子，要他們任憑殘忍的暴君宰割嗎？他們本可以辨識出這些暴君是自己災難的當然禍首，然而他們卻不斷的替暴君祈禱上帝。

輕信的人民啊！更熱心的祈禱，向自己的上帝供獻更多的祭品吧！擠滿神廟吧！讓自己無數的祭品流血吧！吃齋吧！穿著破爛衣衫走來走去吧！痛心疾首吧！終日哭泣吧！最後還有，傾家蕩產讓自己的神靈發財致富吧！你們想使上帝發財，其實致富的只是神父。只有當凡間的神靈承認他們也是和你們一樣的人，並且用應有的態度關懷你們的幸福的時候，天上的神靈才會關心你們。

一四八　當君主使人民受害受苦時，使君主們相信除了上帝誰也不怕，是十分危險的

心術不良、追逐虛榮和沒有道德的君主是人民受難的眞正禍首；無利無義、無休無止的戰爭使土地荒蕪；貪婪暴虐的統治者剝奪民眾的天然稟賦；凶暴的朝臣使農民破產、使手工業凋敝，於是就產生歉收、瘟疫、貧困；老天爺既不妨礙也不幫助人民的努力；然而高傲的當權者卻很少在什麼時候去了解人類的需要。

有人告訴國王說，即使他們損害和忽視自己臣民的幸福，他們也只應當畏懼上帝，這種

說法對於眞正的政治家來說是非常有害的，因爲它會敗壞君主的道德。君主們！請記住，你們爲非作惡的時候，受侮辱的是人民，而不是上帝。如果你們肆無忌憚進行統治，就會損害自己的人民，也就是損害自己。

史書告訴我們，信仰宗教的暴君是十分普遍的現象，而仁慈公正的開明君主是少見的例外。某個國王可以篤信宗教，畢恭畢敬、認眞履行一切宗教儀式，可以馴服的執行神父的意志，對他們表現出十足的容讓精神，而同時不具有任何一點美德及治民的才幹。對於君主來說，宗教只是一種奴役人民的可靠手段。

任何暴君在自己長期統治的年代中只做了一件事，就是壓迫臣民、攫取他們勞動的果實、殘酷無情的支配他們的命運和生命，以便滿足其貪得無厭的虛榮心；任何征服者都侵犯過鄰國，消滅過整個的民族，他的一生都是人類眞正的禍患，但是根據宗教道德的種種冠冕堂皇的教理，他們全都以爲，如果做了這樣許多暴行以後，通常哭泣一番、跪在非常卑鄙、怯懦的解罪神父跟前哀求，他們就可以釋然於懷，而解罪神父還會安慰和鼓勵這個壞蛋，其實對於這個壞蛋帶給人類的一切災難，很難想出一種極度可怕的辦法來懲罰他。

一四九　篤信宗教的君主是自己國家的禍害

任何眞心信仰宗教的君主通常都是極其危險的統治者；輕信總是以思想狹隘爲前提；在

絕大多數狀態下，對宗教的篤信會占有君主的全部注意力，使他無法治理人民。服從神父教導的君主，往往會成爲神父的玩物、成爲他們的爭執的肇事者、成爲他們的狂妄行動的工具和同謀者，因爲君主認爲這種行動具有重大的意義。在宗教送給人類的各種饋贈中，最有害的禮物當推篤信宗教和虔敬神靈的君主：因爲這些君主認爲，他們在拯救臣民方面的神聖義務，就在於折磨他們，並且迫害和消滅所有與君主本身的思想不一致的人。竊據國家領導地位的虔信者，是上天憤怒時降給人類的一種最殘酷的禍害。任何一個神父，無論他是狂熱者或者簡直就是騙子，只要他能夠影響輕信然而強大的君主，他就不但可以撼動全國，而且還可以撼動整個世界。

幾乎在所有的國家裡，神父和虔信者都擔負著對今後將治理國家的年輕的王位繼承者的心智進行教育的重任。這些教育者會具備哪些學識呢？鼓舞他們的會是什麼樣的利益呢？他們本人就是滿腦子的偏見，於是把迷信當作世間最神聖、最重要的功課教給自己的學生；他們教導學生像對待最神聖的義務一樣的對待宗教的義務，把對待異端的不寬容和殘酷的態度看成是他們未來的權力的基礎；他們企圖使自己的學生變成信仰宗教的黨派的未來領袖，變成暴躁不安的狂熱者和暴君；他們企圖從早年就摧殘他的理性；他們教他去反對健全的思想；使他不關心眞理；他們教他去反對所有才智之士和道德高尚的人，而鼓勵他相信那些不道德和卑鄙的人；最後，使他變成智慧低弱、對正義或不義，對眞正的光榮和眞正的偉大沒有任何意識的僞君子；他們培養著敵視教育和美德的人，而教育和美德乃是強大國家的首腦十分需要的。簡言之，這就是對於預定終將成爲千百萬人命運的主宰者的那個兒童，進行系統教育的根本內容！

一五〇　宗教不會可靠地保衛暴政躲過人民的憤怒。專制君主是自己戕害自己和瀕於滅亡而不自覺的狂人

僧侶階級歷來都是專制制度的幫凶和人民自由的死敵；僧侶這種職業需要不敢進行思考、膽小怕事和百依百順的奴僕。在絕對君權統治的國家裡，只要控制能力薄弱和天分不高的君主的頭腦，就可以取得統治人民的權力。神父並不關懷人們的幸福生活，而是使人們永遠受人奴役。

卑鄙的君主爲了換取宗教賜給自己的超自然權利和特權，通常都和僧侶階級結成同盟，於是僧侶階級就利用宗教，一方面束縛君主，另一方面也控制君主的臣民，並且使他們屈服於自己的桎梏。暴君希望宗教保衛他不受命運的一切打擊，並用這種希望安慰自己，但是這是徒勞的；宗教無力抵抗絕望的人民的怒潮。而且神父們只有在同盟對他們有利的時候，才會繼續做暴君的同盟者；一旦他們認爲他們自己創造出來的偶像，已經不符合於發出感召的神靈的意志，他們一定率先發動人民叛亂，而且完全消滅這尊偶像，因爲這是符合神父心意

的，並且始終只對神父有利。

可想而知，人們會對我們說，如果君主懂得宗教給予他們的一切好處，他們一定會熱衷於用一切力量支持這種宗教的。但是，如果宗教信念有利於暴君，則很明顯，這些信念一定不利於根據合理和公正的法律來治理人民的那些人。所謂暴君是什麼意思呢？難道君主們果眞這樣熱衷於建立暴政嗎？難道暴政不會使他們失去眞正的權柄、人民的愛戴和對自身安全的信心嗎？難道每一個君主不該懂得專制者乃是只會自己損害自己的狂人嗎？難道每一個開明君主不應該提防諂媚者嗎？這些諂媚者唯一的目的就是按照他們的美意使君主處在極端危險的邊緣而不自覺。

一五一　宗教縱容君主的謬誤，使他們免於恐懼和良心責備

如果神父能夠用諂媚的謊話欺騙君主，並且使他們變成暴君，那麼這些暴君又會進而使自己的親信和人民腐化墮落。不公正、凶惡和不道德的專制者除了自己古怪的願望之外，不知道其他的法律在這種專制者的統治之下，一切民族必然都會腐化墮落。這樣的君主不需要正直、有教養和有道德的親信和顧問。他只需要唯唯諾諾、上行下效、奴顏婢膝的諂媚者，投其所好、卑鄙下賤、賣身投靠的暴吏；這種歪風很快就會超出宮廷的範圍而傳布到基層。在腐化君主治理的國家裡，惡行遲早會獲得勝利。無怪乎老話說：**君主只能使人們做他**

自己所做的事情。

宗教對君主不僅沒有任何約束，反而允許他們肆無忌憚和心安理得的沉湎於荒淫佚樂的生活，這種生活不但嚴重損害他們自身，同時也嚴重損害他們治理下的全體人民。欺騙百姓是不能逍遙法外的。只要試試對君主說，他是上帝，他很快就會相信他用不著向任何人負責。在他看來，重要的只是別人怕他，而無需別人愛他；他認爲，早就不存在什麼法律了，任何人類的情感都不會把他與臣民聯繫起來，同時他也不承認對臣民負擔任何義務。試向這位君主說，他只應向上帝報告自己的行爲，於是他很快就會相信：他不需對任何人報告。

一五二　何謂開明君主？

這樣的君主可以稱爲開明的：他懂得他的利益在哪裡；他知道這些利益與全體人民的利益有著不可分割的聯繫；他知道當君主統治卑賤的奴隸時，這君主既不可能是偉大的，也不可能是強盛的，既不可能受人愛戴，也不可能受人尊敬；他知道公正、善良和體貼給予他統治人民的權利，要比某種虛幻的神靈的全權更實在得多；他意識到宗教僅僅對神父有利，而對社會則是完全無益的；他意識到，宗教常常是社會動盪的原因；他意識到，必須限制僧侶階級的權利，以便防止它的有害影響；最後，這樣的君主會承認，如要對榮譽和效忠受之無愧，必須維護善良公正的法律，必須做一個道德高尚的人，而不把自己的權力建立在謊言和幻象的基礎上。

一五三　僧侶利用上帝和宗教的幌子犯罪和縱容自己的惡行

教徒竭盡全力使自己的上帝變成危險、專橫和乖戾的暴君；爲了適應僧侶反復無常的自私政策，上帝一定要具備所有這些屬性。公正和全善的上帝、絕對不胡思亂想顛倒黑白的上帝、具有正派或溫柔寬厚的君主那樣性格的上帝，一定不會受僧侶的歡迎。神父們需要使他們的上帝能引起恐怖心理，使人們要求他們幫助、祈禱和支持。

僕人眼中無英雄。難怪神父用來嚇唬別人的上帝，他們自己並不害怕，而且對神父的行爲幾乎不發生任何影響。因此我們看到，神父的行徑處處都一樣；在崇拜上帝的幌子下，他們使人民陷於破產、腐蝕人們的心靈、妨礙啓蒙的發展和製造種種糾紛。虛榮和貪婪歷來就是僧侶的主要惡德；僧侶處處都把自己放在法律和君主之上；他們處處都只設法滿足自己的虛榮、貪婪、復仇的心理和渴求無限權力的欲望；他們處處用贖罪、血祭的宗教禮儀，以及只對僧侶有利的聖餐儀式和習俗來代替有益的社會美德。

人類的理性在荒謬的儀式和可笑的禮儀面前表示屈服了，並且感到張惶失措，這些儀式和禮儀是神職人員虛構出來似乎要洗滌罪孽和博取上天眷顧凡人的。一個國家流行可以使人得到神靈眷顧的割禮；另一個國家把嬰兒的腦袋浸入水中，以便洗淨罪孽（雖然他還不可能犯罪）；第三個國家則叫人潛入河中，說河水可以洗滌他的一切汙垢；第四個國家禁止食用某些東西，以免受到上天的懲罰；第五個國家有時強迫有罪孽的人向有更大罪孽的神父承認自己的全部過錯，如此等等。

一五四　神父們招搖撞騙的行爲

如果招搖撞騙者們每天在市集廣場上大聲吹噓他的能夠醫治一切疾病的萬應靈藥，同時我們又確實知道，他們自己正是得了他們建議替別人醫治的那些大小疾病，對於這些騙子我們有什麼可說呢？如果招搖撞騙者們拚命喊叫說：「請買我們的藥吧！藥到病除，永不再發，所有的人都適用，除了我們自己！」對於這樣的騙子，我們是否能夠相信呢？當我們了解到他們一直抱怨藥物毫無效用，治不好病時，對於這樣的騙子我們又作何感想呢？最後，如果無知的群眾明明知道這種情況，卻仍舊用高價購買這些顯然沒有效用的藥物，對群眾的這種愚蠢行爲，我們又會採取什麼態度呢？神父們很像招搖撞騙的煉金術士，吹噓掌握了把一切東西變成金子的祕密，卻無法掩飾自己的本來面目。

教徒們不斷奢談世風敗壞，公開埋怨自己的教導毫無成效，同時卻又要我們相信，宗教是根除人類遭受的一切罪惡和不幸的萬靈法寶。這些神父自己就得了不治之症，但儘管如此，人們仍然繼續使用他們的藥方，相信連他們自己也承認是誰也醫治不了的靈丹聖藥！

一五五　玷辱道德、歪曲人類一切眞正觀念和一切神聖原則的宗教，是無數災難的根源

宗教（特別是在我們這個時代）控制了道德以後，就完全歪曲了它的基本原則；它使人們違反社會義務；它驅使人們毫無人性的對待所有持不同想法的人。爭論雙方誰都不明白是怎麼回事的神學辯論震撼了帝國、引起了革命、殺害了君主、毀滅了整個歐洲；這些可恥的爭端甚至讓人類血流成河也不能使之停止。在異教消滅以後，各國人民把用極端仇視的態度對待神父們覺得違反神聖教義的每一個新觀點提升爲宗教原則。教徒們口頭上宣傳仁慈、一致和和平，一旦教會牧師唆使他們去屠殺鄰人的時候，原來比吃人生番還要凶殘。沒有一樁罪行不是人爲了討好上帝和乞求天上的統治者的憐憫而犯下的。

把上帝說成是殘酷的專制君主的模樣，這種觀念必然要使他的臣民也變得殘酷起來。恐懼產生奴隸，而奴隸們是膽小、怯懦、殘酷的，所以一旦要博取嚴峻統治者的恩典，避免它的懲罰，他們就認爲可以爲所欲爲了。唯有自由思想才能把人們培養成寬宏大量和仁慈的。暴君式的上帝的觀念則只能產生膽怯、嫉妒、潑辣和偏執的奴隸。

任何宗教都需要一個易怒、忌妒、愛報復、斤斤計較和對禮節吹毛求疵的上帝；需要一個如此小氣，以致人們對祂的任何意見都能侮辱祂的上帝；需要一個不容許任何地方離開祂的信徒們所確立的觀點的上帝，這樣的宗教必然會造成混亂、糾紛和流血事件；崇拜這種上帝的人們深信，他們神聖的義務就是敵視甚至消滅所有被他們指控爲天主的敵人的那些人；對他們來說，與所有不服從他們上帝的意志的人一起和睦的生活在世界上，意味著叛變。況且，愛他們上帝所恨的人，豈不等於把自己置於上帝毀滅性的憤怒下嗎？

敵視人類的虔信者，你們這些卑鄙的壓迫者啊！莫非你們從來不懂得宗教歧視會使你們做出如何狂妄的行爲，犯下怎樣的罪行嗎？莫非你們不明白一個人控制自己的宗教信念，這個人之有無信仰，並不比選擇一種他從小就學習而且不能隨意改變的語言更自由嗎？要求一個人的思想和你們一樣，豈不等於希望一個外國人必須用你們的語言講話嗎？因爲一個人的謬誤而懲罰他，難道不是意味著因爲他所受到的教育和你們不同而處罰他嗎？如果我不信神，我是否能夠把動搖我的信仰的種種理由，從自己理性中驅逐出來呢？如果你們的上帝本身曾賦予人們自殺的自由，你們是否應當加以干涉呢？莫非你們比這個上帝（你們如此警惕的保護它的權利）更聰明而且更有遠見嗎？

一五六　一切宗教都宣傳不寬容精神，所以一切宗教都是不人道的

任何信教的人，儘管氣質不同，但都仇恨、輕視或者憐恤宗教信仰上異己的人。占統治地位的教理（也就是王權和軍隊支持的教理）總是用最殘酷、最淩辱的手段壓迫較弱的教派。世間是不存在眞正的寬容的；人們到處都崇拜唯恐他人覬覦其權力的上帝，而且每一個民族都自認爲是這個損害所有其他民族的上帝的唯一的特選者。

每一個民族都認定，唯有他這個民族才崇拜眞正的上帝、宇宙主宰和整個自然界的統治者。但是如果仔細看一看這個全世界的主宰，就會看到，每一個集團、教派或宗教黨派都使這個強大的上帝成爲極端無能的統治者，它只關懷和照顧極少數自認爲是天恩神惠唯一享有者的臣民，同時所有其餘的人卻一點也得不到上帝的關懷。

宗教創始人和神父顯然企圖利用宗教教理在各民族之間散播敵意和不和；他們希望使自己的教徒群眾都有特殊的標記；他們把敵視其他民族的神靈給予了自己的信徒；他們爲每一個民族建立了特殊的宗教儀式、特殊的教條、特殊的禮儀；每一種宗教的創始人都力圖使自己的特選者相信，其他任何信仰都是褻瀆和有害的。這些虛榮的狡猾傢伙就用這樣一種卑鄙的欺騙手法控制了信徒們的頭腦，用不寬容精神教育了他們，並且教他們把所有那些抱有不同信仰和信念的人都看成是被唾棄和該詛咒的。宗教就是這樣培育了殘酷心理，並且永遠從人的心靈驅逐了人對同類應當具有的博愛精神和同情感。和藹、寬容、人道（任何道德體系

的這些主要德行）和宗教偏見是絕對不能並容的。

一五七　國教的弊端

一切占統治地位的宗教都是爲了使人變成愛虛榮、乖僻和凶惡的人而建立的；人道精神的首要條件就是讓眾人都信仰他願意信仰的那種教理，都抱定他願意抱定的那些信念。但是這個條件，在掌握著甚至專橫的控制人類思想的權力的宗教人士看來，是根本不能接受的。

受迷惑的虔信君主啊！你們仇視和迫害異端分子，用種種刑訊處罰他們，因爲你們信了別人的話，認爲這些不幸者是不得上帝歡心的。然而，難道你們自己不是肯定說，你們的上帝是十分仁慈的嗎？你們打算用什麼樣的方法使上帝喜歡祂絕不能同意的野蠻行徑呢？又是誰告訴你們，說你們的犧牲者的信念是不爲上帝所中意的呢？是你們的神父。你們究竟有什麼保證使這些神父本身不會犯錯誤或者不會欺騙你們呢？這些保證也是那些神父給你們的。君主們啊！你們盲目服從自己的神父時，你們就是爲討好自己的神靈而做出最可怕和最明顯的犯罪行爲！

一五八　宗教助長各民族的殘酷行為和宣揚犯罪行為，它要人相信這些好像是符合神靈的天意的

巴斯噶說過：「如果人遵循著虛妄的信念，他就絕對不會如此心情舒暢地和如此殘酷地為非作惡。」㊻再沒有什麼東西比使人民逞性妄為和替人民認為最可怕的罪行作辯護的宗教，更可怕、更危險的了；如果人民認為上帝喜歡極端殘酷的行為，如果使他們相信，只要合於神靈天意的需要，一切暴行都能得到法律的承認，人民就會變得殘暴起來，無所不用其極。只要事情涉及宗教，最文明的民族就會重新變成為所欲為的野蠻人。同時，在民眾看來，他們的殘酷行為愈多，上帝就愈喜歡他們，因為上帝的事業就在於把任何罪行看成是神聖的。

世界上所有的宗教都認可了無數的暴行。受到自己上帝的諾言愚弄的猶太人，自以為有權消滅一大批一大批的人民。羅馬人根據自己神靈的預言，像汪達爾人一樣幾乎侵占和毀壞所有的土地。阿拉伯人在其宗教先知的鼓勵下，用火和劍強迫基督教徒和異教徒改信了自己的宗教。基督教徒藉口傳播自己的宗教學說，成百次的使鮮血流遍了南北半球。

㊻ 參看《巴斯噶的思想》第三十八頁。——著者注

神父們教人們在促進他們本身利益和被稱爲神的事業的一切事件中認識天命。根據這個原則，信仰宗教的人獲得的幸福就是在暴動、大規模的屠殺、弒君、暴行、賣淫和罄竹難書的醜聞中看出天命；如果所有這些現象都促進宗教的繁榮，那就是說，所有這些現象都是可以容許的，因爲上帝爲了達到自己的目的可以不擇手段。對於人類道德來說，是否有一種什麼想法比所謂強大而且完善的上帝，勢必要借助種種犯罪行爲，才能達到自己的目的的說法更加有害呢？

一五九　駁斥對於宗教造成的一切災難只是人類欲念的悲慘結局這條原理

當我們抱怨宗教經常使人類受到各種災難的時候，立即就會有人要我們相信，所有這些災難都不是來源於宗教，而是來自人的欲念。敢問是誰挑動了這些欲念呢？很明顯的，是宗教；宗教狂熱使人變成殘酷，並且驅使他去犯最大的罪行。這豈不證明宗教並不會控制人的欲念，它的唯一作用就在於美化欲念和粉飾一切暴行，因此，揭下人們時常用來掩蓋罪行和殘酷行爲的神聖面罩是十分有益的嗎？如果剝奪惡人不斷爲非作惡時那種種冠冕堂皇的理由，社會該會減少多少慘禍啊！

神父們不是在人們之間提倡和平，而是自動扮演福利雅*的角色，到處散播不和和敵意。爲了使人們在良心上勉強過得去，他們使人們相信，彷彿是老天爺親自把製造糾紛、暴動和叛亂的權利交給了他們似的。難道神父們不是把君主干涉他們的有害活動的任何企圖，都視爲是對自己神聖權利的侵犯，並且妄說這是對神靈尊嚴的侮辱嗎？可以拿神父和某個潑婦相比：當丈夫抓住她的手，不讓她毆鬥的時候，她就大喊大叫：「我要放火！我要殺人！我要掐死！」

一六〇 一切道德都是和宗教原則勢不兩立的

儘管出於宗教的美意，世上才如此頻繁的演出種種流血的悲劇，卻還是有人反復不斷的對我們說，沒有宗教就沒有任何道德。但是，如果根據宗教教理所造成的結果來判斷這些教理，人們就有權肯定說，事情剛好相反，任何道德和宗教信念是不能並容的。

「效法上帝吧！」我們往往聽到這樣的叫喊。如果我們效法了上帝，我們的道德就會是好的，這還用說！只不過我們應該效法什麼樣的上帝呢？莫非效法自然神論者的上帝嗎？可

---

* 福利雅（Furia），古代羅馬神話中的一種復仇和懲罰的女神，其貌甚醜且性情凶惡。——譯者注

要知道，即使是這種上帝對我們來說也不能成爲美德的、始終如一的典型；如果這上帝是一切存在物的創造者，那就是說，祂同時是我們在這個世界上所看到的善和惡的來源；如果祂是和諧的創造者，同時祂也是混亂和毫無秩序的製造者，因爲如果沒有上帝的允許，這些現象就不會發生；如果祂進行創造，那麼祂也在破壞；如果祂使生命出現，那麼祂也讓死亡降臨；如果祂造成豐饒富足、繁榮昌盛和親睦和平的景象，那麼祂也讓饑荒、貧窮、疾病和戰爭存在或者流行。怎麼可以把自然神論者的上帝或自然宗教的上帝當作不變的、仁慈的典範呢？要知道，這個上帝善良的意圖往往被我們眼前發生的一切事件所否定。道德應該建立在比較堅固的基礎上，而不應當以上帝做榜樣，因爲上帝的行爲是極不一貫的，只有頑固的閉起眼睛，不看上帝在這個世界上必然造成或認可的一切罪惡，才能稱祂是善良的。

我們效法*朱比特*這個古代異教*最偉大、最仁慈的上帝*嗎？但是效法這樣的上帝無異於效法篡奪父王的寶座，然後又使自己的父母變成殘廢的逆子的榜樣；這無異於效法大肆通姦亂倫、極其腐化墮落的人，這種人的行爲可以使所有思想健全的凡人感到羞恥。如果人們依據柏拉圖㊼的意見以爲美德在於效法神靈，那麼在異教時代他們又何所適從呢？

㊼ 柏拉圖（Plato，西元前四二七—三四七年），古希臘唯心主義哲學家。他把現實的物質世界與彼岸的理念對立，認爲理念是事物的原型，對事物是第一性的。在柏拉圖那裡，最高理念是神性造物者、宇宙創造者理念。——俄譯本注

我們是否應當效法猶太人的上帝呢？我們是否可以把耶和華當作行爲的標準呢？但這是替笨拙無知、沒有道德的人民創造的眞正的野蠻人；這個上帝總是憤恨不已、時刻思圖報復、不承認任何憐憫心和同情心；祂不斷要求屠殺、搶劫、爭奪；總而言之，這個上帝絕不能成爲正派人的榜樣，而只適於當匪幫頭目的表率。

也許我們應當模仿基督教徒的上帝耶穌嗎？這個爲了安慰鐵面無情的父親而死去的上帝是否可以成爲受人尊敬的榜樣呢？不然！這個上帝，或者直率些說，這個本身就備受壓迫、過著卑賤的叛徒生活和在赤貧的群眾間進行傳教的狂熱和厭世者，勸告我們追求貧困、戒除肉欲、避免享受、尋求痛苦、敵視自己；這個上帝叫人遺棄父母、親屬、朋友，而去跟隨祂。你們說這就是道德之所在！這樣的道德當然是美妙的；而且它當然是神聖的，因爲它對人根本沒有用處。建立這種道德的目的，豈不是只在於叫我們仇視美德嗎？在神人同體的這種基督教道德看來，祂的信奉者應該在這個世界上做一個眞正的丹塔爾㊽：丹塔爾雖然渴得難受，卻不允許他飲水。這樣的道德難道不會使我們對自然界的這個創造者產生一種極其奇特的看法嗎？如果像人們告訴我們的那樣，造物主是爲了自己創造物的利益和幸福才

㊽丹塔爾，古希臘神話中呂底亞的國王。被宙斯罰以永受饑渴之苦，雖然站在有水的河口和有果實的樹下，卻不能摘果飲水，遂有「丹塔爾苦難」之謂。——俄譯本注

創造萬物的，那麼，這個造物主之所以禁止人們享受祂爲人們創造的那些幸福，又是出於怎樣一種不可理解的古怪念頭呢？莫非給軟弱的人設下圈套，是陰險的上帝一貫追求的幸福嗎？

一六一　福音道德是無法履行的

信奉基督的人顯然是想使我們相信，他們的宗教遍布全世界是一種奇蹟，一切違反我們心靈的本性和傾向、敵視所有塵世快樂的現象也是奇蹟。但是應當記住，任何宗教教理的嚴峻訓條都只會使這教理在群眾心目中變得更加神聖和神奇。人們都有一種傾向，把所有不可理解的祕密看成是神聖和超自然的東西，這種傾向同時也使得他們把人無法接受和不能實行的道德看成是神聖和超自然的。

但是對一種道德體系表示讚賞和在生活中實現這種體系，乃是有區別的兩件事。基督徒不斷吹噓和讚美福音道德；但是實行這種道德的只有一小撮聖徒；其他的人雖然崇拜這些聖徒，自己卻無意效法他們，其托詞是：他們既沒有力量也沒有本事這樣做。

世界上凡是多少流行的宗教道德，都是建立在這樣一種信念的基礎上：只有在凡間眞正受苦的人才能得到上帝的歡心。我們在世界各地遇到的苦行修士、遁世者、托缽僧、狂熱者，顯然都在神的名義下仔細研究過自我虐待的一切方式，所有這些崇拜神的人都一致讚揚祂的仁慈！宗教本質上是敵視人的快樂和幸福生活的。窮困的人是有福的！悲哀的人是有福的！受苦的人是有福的！讓生活豐足愉快的人悲哀吧！這就是基督教公開宣布的那些少有的發現！

一六二　由聖徒組成社會，那是不可能的

在所有的宗教看來，何謂聖徒呢？這是做禱告、齋戒素食、自我虐待、逃避紅塵的人；這種人像貓頭鷹一樣，只有在單獨生活的時候才舒服自在，他拒絕一切使人得到快樂的事物，好像一刻不進行狂熱、深刻的自省，就會有什麼東西威嚇他似的。這樣的人可以算是有美德的嗎？這樣的人會給自己或別人帶來好處嗎？如果我們每個人都紛紛產生了做聖徒的狂妄意願，難道社會不會分崩離析，而人們不會重新回到野蠻狀態中嗎？

很明顯的，嚴格的執行基督教教理的道德訓條，一定會招致人類的滅亡。追求完善性的基督教徒會排除一切使他離開眞正祖國——即天國的事物。在這種人看來，塵世生活處處都是陷阱、誘惑和致死的根由；他會害怕和他的信條對立的科學；他會放棄一切足以發財致富，因而使人不能得到拯救的有益活動；他會拒絕職位和榮譽，因爲職位和榮譽能夠鼓勵他追求功名，卻不使他想到靈魂和關懷靈魂；總而言之，如果基督的神聖道德也適用於生活，那麼它就會割斷一切社會聯繫。

聖徒在社會上是無益的，猶如聖徒處在荒無人跡的地方那般無益一樣；他在自己周圍散布一種氣氛，使人感到悲哀、不滿，而且常常是使人感到憤慨；宗教狂熱驅使他振振有詞的利用傳播他的信念或幻想（由於自己的虛榮心，他認爲這些信念和幻想乃是神靈感示的）來破壞社會安寧。整個宗教史上都充滿著關於聖徒的傳聞，這些聖徒的特點是極其乖僻、偏執和不安分，他們之所以出名是由於他們爲了神的更大光榮在凡間犯了種種暴行。如果聖徒在荒無人煙的地方只是無益的，則在社會上簡直就是危險的。

希望扮演頭面人物的虛榮觀念，企圖用殘暴行爲取得無知人民讚揚的堅決志向，這就是絕大多數著名聖徒的特點；驕傲自大使他們自認爲是不平凡的人，遠比普通人優越；他們是一種比所有其他人更完善的存在物；他們都是特選者，因爲上帝對待他們比對待所有其餘的凡人更加寬厚；聖徒的自卑感通常也只是一種驕傲自大，只不過是比別人的稍微精緻些罷了。唯有虛榮心才會促使人不斷的反對自己的本性！

一六三　人的本性不是惡的；違反這種本性的道德不是爲人創造的

違反人性的道德不是爲人創造的。你們會反駁說，人的本性曾經顛倒了。這種所謂顛倒究竟在什麼地方呢？是不是在於人有欲念呢？但是難道欲念不是人固有的嗎？難道人不應當尋找、希望、熱愛他認爲會促進他幸福的一切事物嗎？難道他不應當害怕和避開他認爲不利或有害於本身的一切事物嗎？把他的欲念引導到有益的目的上去吧！依據這些目的來安排他的幸福吧！用明白合理的道理使他拋棄一切危害他本身或者危害他人的事物吧！這樣你們就會使人變成有理性的和善良的存在物。沒有欲念的人無論對惡行或美德都是漠然無動於衷的。

可敬的神學家啊！你們反復不倦的向我們說，人性顚倒了；你們到處都大聲說，任何**肉欲**都使人**誤入歧途**；你們勉強說，人的本性只會使人接受不貞潔的傾向。在這種情形下，你們就是責備你們的上帝未能或不願意使人的這種本性保持其原始的完善性。如果人的本性顚倒了，爲什麼你們的上帝不曾去改正它呢？所有的基督教徒都肯定說，人的本性被上帝（這上帝使人的本性恢復到原始的貞潔）的死亡所純化了。我回答說，既然如此，爲什麼在上帝死去以後，人的本性還是（用你們的話說）不貞潔的呢？是不是說你們的上帝白白犧牲了生命？如果魔鬼一直保持著（用你們自己的話說）它在這個世界上始終擁有的權力，那麼，上帝的萬能和上帝之戰勝魔鬼又有什麼意義呢？

根據基督教神學家的學說，死亡是**對原始罪孽的贖償**。這種觀點完全符合於某些野蠻民族和未開化民族的宗教信仰；他們以爲人的死永遠是神靈憤怒的超自然的結果。基督教徒堅決相信，基督使他們擺脫了罪孽，同時他們不得不看到一切宗教的信徒（包括基督教徒在內）都不免一死。說耶穌基督使我們擺脫了罪孽，豈不等於說某個什麼法官在寬恕有罪的人以後立即處他以死刑嗎？

一六四　關於耶穌基督這個神父們的上帝

如果我們閉起眼睛不看世界上發生的一切事情，而希望信賴最初創立基督教的人們的報導，我們本來應當相信他們神聖的救世主的降臨，使人類道德發生了最不平凡的革命和澈底的改造。巴斯噶說過：「救世主本來應當創造由聖徒和特選者組成的偉大的人民，指導、關懷他們，把他們安置在一個最快樂、最光榮的地方，博取神靈的恩典，使這地方變成神的殿堂，把他們從神靈的憤怒中拯救出來，使他們擺脫罪孽的桎梏，爲這個人民頒布新的法規，爲了這個人民自己給上帝去作犧牲，粉碎引誘人的蛇等等。」㊾不過在這裡，巴斯噶忘記了向我們指出一個人民，神聖的救世主曾經如此熱切的加以描寫上述的一切奇蹟；顯然，世界上至今還沒有過這樣的人民。

只要看一下各個信仰基督教的民族的道德，聽一下他們的神父的申訴，就可以相信：他們的上帝，即耶穌基督的說教始終是沒有成效的，基督的死亡原來是無益的；祂的萬能的意志至今都遇到上帝無法克服或不願加以克服的人們的反抗。這位神聖導師的道德雖然引起他的弟子們的狂喜，但是他們卻無法履行，一百年間也不過找到五、六個無知者、狂熱者和不

㊾ 參看《巴斯噶的思想》第十五頁。——著者注

學無術的修士眞正奉行這種道德，唯有他們才配得到天國的光榮和快樂生活；而其餘所有的凡人，雖然有贖罪者爲他們流血犧牲，卻註定要忍受永恆的地獄苦難。

一六五　贖罪的教條是根據僧侶的利益虛構的

當人不得不犯罪的時候，他不會想到上帝。不過無論他犯了什麼罪，他總是安慰自己，說上帝會減輕對他的判決。沒有一個凡人會眞正相信，他的行爲會招致永恆的死亡。雖說他也害怕這個常常使得他嚇得發抖的上帝，但只要他受到強烈的引誘，還是會向誘惑屈服，然後才想到仁慈的上帝，並且拿這一點來安慰自己。人做了壞事以後總是認爲，還來得及改惡從善、還來得及懺悔。

宗教隨時都有安慰良心的種種最可靠的藥方；神父們掌握著使上帝發慈悲的奇蹟般的祕密。但是如果禱告、血祭和懺悔的誓言眞正可以使上帝發慈悲，則這完全不是意味著宗教可以遏制人類的惡行；問題簡單得多；人們先去犯罪，然後再想方設法求上帝發慈悲。任何宣傳懺悔和寬恕罪孽的宗教，如果也使得某種人不犯罪，則這些人只是少有的例外；恰好相反，宗教倒是鼓勵絕大多數人爲非作惡。

儘管世界上所有宗教中的上帝具有不變性，卻原來是眞正的普羅透斯㊿。神父們時而說祂嚴峻冷酷，時而說祂充滿著仁慈寬厚的心腸；時而說祂殘忍無情，時而說祂很容易受到罪人懺悔的眼淚的感動。所以，在凡人的想像中神靈是具有在一定的時候大多會給他們方便的那些特性的。永遠生氣的上帝會引起自己的崇拜者的反感，甚或使他們陷於絕望。人們需要上帝輪流表示惱怒和安撫；如果上帝的憤怒使膽怯的人恐懼，則祂的仁慈就會使不可救藥的壞蛋得到鼓舞，同時這些壞蛋自己也指望他們遲早會和上帝言歸於好；如果神靈的審判使另一些怯懦的虔信者恐懼（否則從這些虔信者的性格和習慣看來，他們就會公開犯罪），則**神靈的仁慈的無盡寶藏**就會使罪大惡極者受到鼓舞，他們會不斷的指望，和其他的人一起他們也有權從這個寶藏中得到一分。

一六六　對神靈的恐懼無力抵抗人的欲念

絕大多數人很少想到上帝，在任何狀態下都很少注意祂。上帝觀念是十分模糊不清，

㊿ 普羅透斯（Proteus），古希臘的海神；據說祂能夠變化；其轉義是指在觀點、行爲等方面以首尾不一貫爲特色的人。——俄譯本注

也不能給人安慰，所以它們也許只能多少長久的控制著在我們這個世界的居民中，占少數的、憂鬱頹喪的幻想者的想像。普通人民對上帝觀念是什麼也不懂得的；腦筋遲鈍的人對付不了這個概念。做生意的只考慮自己的買賣；廷臣只考慮如何玩弄陰謀；世俗的人、婦女、青年只考慮如何尋歡作樂；閒逸的生活很快就會從他們的記憶中把枯燥無味的宗教觀念趕走。野心家、守財奴、淫佚者很容易就可以摒棄無力和他們的欲念對抗的種種議論。

關於上帝的思想會使誰恐懼呢？使少數膽小怕事、憂鬱不歡和生活失望的人恐懼，這些人的欲念不知是因爲年齡關係，還是由於疾病或命運的打擊而衰退了。宗教對性格畸形發展或被生活環境弄得萎靡不振的人來說，才是一種束縛。對上帝的恐懼只會阻止無法強烈的渴求或者已經沒有犯罪能力的那些人去犯罪。

使人們相信神靈會懲罰塵世上的罪孽，無異於肯定時時都被經驗推翻的事情。世界上通常是受到命運寵愛的那些最壞的人得到勝利。把我們打發到另一世界去驗證神靈正義的裁判，無異於企圖用隨意虛構和主觀推測的東西去反對毋庸置疑的實在事物。

一六七　發明地獄來對付惡是荒唐透頂的

當一個人十分留戀凡間生活時，誰也不會想到另一種生活。從熱戀的多情男子看來，情婦的偎依，會使地獄的火焰黯然失色，她迷人的春色會使他忘記天堂的極樂。婦女啊！你們說，爲了上帝，你們會拋棄自己的情人！這只是說，你們的情人在你們的心目中已經失去了自己往日那些動人的特色，不然就是他已經把你們遺棄了，因此你們必須有某種東西來塡補靈魂裡的空虛。

無怪乎野心家、淫佚者、毫無道德的歹徒居然會信仰宗教，有時還表現出最強烈的虔誠態度；如果他們不實行宗教的一些要求，無論如何會答應自己總有一天要遵循宗教的教導，並且隨時把宗教當作一種消災免禍的手段保存下來，因爲他們遲早必須利用這些手段安慰自己的良心，不爲他們早已蓄謀犯下的那一切罪惡所干擾。同時，既然神父和虔信者組成一個人數極多且活躍和強大的政黨，則狡猾者和騙子爲了達到自己的目的而巴結他們，那是毫不奇怪的。自然有人會反駁我們說，許多正派人都眞誠無私地宣傳宗教。但是難道可以斷定正直的靈魂和明白的思想總是在一起嗎？

有人向我們援引許多學者和才智之士爲證，說他們都是深信宗教的。這只不過是證明，才智之士可以有偏見，可以成爲膽小鬼，也可以具有引誘他們走上錯誤道路和不讓他們冷靜和合理的弄清楚某些問題的想像力。以巴斯噶爲例，這只證明，在這位天才人物的心靈裡，可以有一隅之地爲狂妄所盤踞，只要這位天才抱有迷信，他就會變得幼稚可笑。巴斯噶自己就說過：「理智可以是強大的和狹隘的，全面的和弱小的。」[51]在這句話的前面不遠，

---

[51] 參看《巴斯噶的思想》第三十一頁。——著者注

他還肯定的說過：「可以具有健全的思想，而不能同等地把它應用到一切事物上去，因爲有一些人能夠正確的判斷一些事物，而在其他方面卻茫然無知。」

一六八　專爲僧侶的利益而虛構的宗教道德和宗教美德的荒謬性

在神學看來，何謂美德呢？人們對我們說：「這就是人的行爲符合上帝的意志。」但是何謂上帝呢？這是誰也不能明白、因此都可以各自按自己的意思去了解的存在物。而何謂上帝的意志呢？這是彷彿看見過上帝或者得到過它的啓示的那些人，當作是上帝的意志而頒布出來的命令。這些人又是誰呢？就是那些不能憑空相信的狂熱者、狡猾的騙子或野心家。

根據自己隨意設想或任意描繪的上帝來建立道德、按照自己的性格和利益而創造的上帝來建立道德，無異於根據人的古怪念頭和狂妄想法建立道德、無異於根據自以爲唯一崇拜的、眞正的上帝和否定其他一切教理的宗派、政黨或集團的種種虛構觀念來確立道德。

根據上帝的意志建立道德和人類行爲規則，無異於根據那些自行解釋上帝的話，並且不怕被人揭穿謊言的那些人的意志、幻想和自私心理來建立道德。在任何宗教裡，都有一些神父有權決定上帝喜歡什麼和不喜歡什麼；可以確信，神靈的意志一定是符合這些神父本人的願望的。

世界上所有的宗教建立教條、儀式、道德和美德，顯然都是從擴大宗教創始人和宗教人士的權力和鞏固他們的福利的角度來考慮的；宗教教條是曖昧、不可理解的和可怖的，因此很容易影響普通人的想像，並且使這些人服從希望統治他們的人；宗教儀式和典禮使神父們發財致富和得到尊榮；宗教的道德和美德在於無條件的信仰和禁止一切思考，在於眞誠的妄自菲薄，因爲這種自卑感會保證神父們得到他們的信徒群眾盲目的順從，最後還在於對宗教事務熱情的虔誠心，即在於對這些神父的利益的效忠。總之，一切宗教美德的目的，顯然只在於擴大宗教人士的利益。

一六九　神學家們宣傳和實踐的基督教的仁慈的實質何在呢？

如果神學家們因爲他們的神學道德徒勞無益而受到責備，他們就會傲慢的稱讚仁慈，即稱讚被看成是基督教主要訓條之一的那種對鄰人的愛。但是可惜！宗教人士所說的這種聲名狼藉的仁慈的實質是什麼呢？請問問他們：如果這個鄰人是無神論者、異端分子、不信教者，這就是說，如果他不贊成他們的信念，是否有必要愛這個鄰人並且對他行善呢？請問問他們：是否應當寬厚的對待跟他們所宣揚的宗教相反的教理呢？請問，他們的大主教是否應該向所有那些誤入迷途的人表示寬容的態度呢？他們的全部仁慈很快就會煙消雲散；占統治地位的宗教的信奉者會回答你們說：「國王的寶劍應當爲至高者的事業服務」；他們會說，根據對鄰人的同樣的愛，就必須迫害他們，把他們關進監獄、驅逐出境、用火燒死。你們只會在那些本身就受到壓迫的少數神父身上遇到容忍精神，而一旦這些神父自己有可能迫害他人時，他們就會忘記基督教的仁慈。

基督教教理在剛剛誕生的時期，是在赤貧和備受壓迫的人之中進行宣傳的，它千方百計鼓勵布施，說它是仁慈的一種表現；在伊斯蘭教中也有這種訓條。比濟貧救苦，使無衣者穿上衣服，向所有需要他說明的人伸出救援之手，更加人道的事情當然是不會有的。但是預見人類的貧困並且不讓這種貧困出現，難道不更加人道、更加仁慈嗎？如果宗教不把君主們當作崇拜的對象，而是教育他們尊重自己臣民的財產，用行事公道和尊重法制的精神指導他們，我們就不會在任何一個國家裡看見如此眾多的窮人。貪婪、不公道、暴虐的政府使貧困的現象日趨嚴重；沉重的賦稅造成絕望、懶惰、窮困的現象。這些現象本身又促使盜賊猖獗，凶殺盛行，種種罪行層出不窮。如果君主比較人道、仁慈和公正，他們的國家就不會有這樣多不幸和無辜的人，以致連幫助他們都不可能。

在基督教和伊斯蘭教諸國，有許多極好、設備完善的醫院，用來宣揚那些主辦這種事業的君主和蘇丹虔誠的仁慈心。但是，合理治理人民、關心他們的福利和收入、發展和鼓勵手工業和商業，並且使人們有可能滿懷信心和悠閒安逸的享受自己的勞動果實，難道不會比用專制政體的枷鎖扼殺他們，用毫無意義的戰爭摧毀他們的經濟，和使他們傾家蕩產的滿足自己狂妄的奢侈要求，然後修造一些只能收容極少數不幸的人的雄偉建築物更加人道嗎？宗教美德不過是宗教曾經從民眾身上搜刮去的那大宗財富的一點點零頭；宗教不是預防痛苦，它只是宣揚用一些無用的藥物醫治痛苦。

宗教人士總是善於從別人的不幸中取得利益；社會發生災難，可以說這就是他們最如意的環境；他們到處領導社會救濟事業，他們主持施捨物的分配，種種慈善事業都集中在他們的手上；因此他們過去總是擴大和鞏固自己對不幸的人的統治權，這些人在任何社會中，通常都是人數最多、最不安定和最易暴動的。總之，對於神職人士來說，最大的災難卻是有利可圖的。

基督教神父們對我們說，他們所有的財富都是窮人的財產，因此據說這些財富都是神聖不可侵犯的；君主和人民就根據這種說法力求把似乎預定要用於慈善事業的土地、收入、寶物集中到僧侶手中。我們的教會牧師變成了強大的統治者，他們不顧人民經濟的破產，享受著本來應該由不幸者享受的財富；這些不幸者不但不抱怨，反而讚揚那種使教會發財致富，而只是稍微改善窮人命運的所謂慷慨行爲。

依據基督教的原則，貧困本身已經是一種美德；君主和神父們叫自己的奴隸恪守不渝的，也正是這種美德。在這些觀念的影響下，許多信仰基督教的人自動放棄塵世的暫時幸福，將自己的財富分給窮人，隱居在荒無人跡的地方，自願在那裡度過貧苦的生活。但是這種熱情、這種超自然的追求貧困的嗜好，很快就讓位於自然的需要。這些志願的貧窮者的後裔，拿自己在上帝面前祈禱和有效的求情作爲，向虔信宗教的人民索取的手段；他們變成了有錢有勢的人；這樣一來修道士和遁世者就得到了過悠閒生活的條件，而在仁慈的幌子下，厚顏無恥的吞併窮人的財產。

在宗教看來，精神的貧困始終具有巨大的意義。任何宗教的基本美德，即最有利於宗教人士的美德，就是**信仰**。信仰在於：不經過思考就接受解釋天意的人的一些教導，因爲他們可以從對自己的盲目信仰中得到利益。神父們利用這種能生奇效的美德，變成了絕對正確的審判者，他們有權確定什麼是正確和錯誤，什麼是善，什麼是惡；他們毫不費力就可以驅使民眾爲他們的利益去犯罪。由此可見，盲目信仰乃是世上最大的暴行的根源。

一七〇　懺悔——僧侶的金窖破壞了道德的眞正基礎

第一個對人們說，任何對鄰人做了壞事的人，都應該請求上帝的寬恕，用饋贈求祂表示同情，向祂供獻祭品，說這樣話的人顯然從根本上破壞了基本道德原則。要知道，按照這樣的觀念，人們都以爲，像凡間的帝王一樣，天上的帝王也是允許不公道和罪惡的行爲的，即使做了壞事也可以得到它的寬恕。

任何道德都是以凡人的交往、需要和經常的利益爲基礎的；至於人和上帝之間的聯繫，不是我們一無所知，就是這種聯繫本身完全是虛構的。宗教在上帝和人們之間建立了聯繫，所以明顯的削弱了，再不然就是完全破壞了把人們互相聯結起來的紐帶；凡人們都以爲，只要他們給似乎有權多方欺負自己的創造物的那個萬能的存在物，補以適當的報償，就可以爲所欲爲的互相損害。

如果能夠使壞人相信，有一種不可見的東西存在，這個存在物有權寬恕不公正的、凶暴的和背信棄義的行爲以及壞人能夠給社會造成的那一切損害行爲，那麼是否可以找到一種鼓勵和促使壞人犯罪的方式，比這更好呢？我們看到，最腐化墮落的人在這些十分有害的觀念的鼓勵下，大膽的犯下滔天罪行，因爲他們完全相信，只要他們懇求神靈大發慈悲，就可以贖罪；只要某個神父使他們相信，根本無益於社會的眞誠懺悔可以消除上天的憤怒，他們的良心就會感到滿足；如果他們同意爲了贖償自己的罪行，而和神職人員分享自己用搶劫、掠奪和暴行得來的贓物，這個神父是會以上帝的名義安慰他們的。

以宗教爲基礎的道德必然會從屬於宗教。根據虔信者的觀念，上帝應當對祂的創造物有所偏愛，祂首先應當聽虔信者的話，而不應當聽民眾的話。天國統治者的利益應當高於渺小的凡人的利益。而天主的利益和祂的奉侍者的利益顯然是一致的；由此必然可以得出結論：在每一種宗教中，僧侶都藉口要保護神靈的利益和造物主的光榮，有權使人不去實行合乎人性的道德要求，因爲這些要求不符合這個上帝加在人身上的種種義務。同時，難道有權寬恕犯罪行爲的人，無權再鼓勵犯罪嗎？

一七一　對道德來說根本不需要假定上帝存在

人們反復不斷的對我們說：沒有上帝就不可能有任何道德義務；對於所有的人來說，甚至對於君主來說，必須有一個十分強大的立法者爲他們規定行爲的規則。但是道德義務是以法律的存在爲前提的；法律的產生來自事物互相間永恆和必然的聯繫；這些聯繫和上帝的存在沒有任何共同點。人的行爲規則來源於他自己的本性（這本性是他能夠認識的），而不是來源於他絲毫不了解的神靈的本性；這些規則對我們有一種約束力量，換句話說，根據我們服從這些規則或者不實行這些規則，我們就會受到尊敬或輕視、愛戴或仇視、獎勵或懲罰。規定人皆不得損害自己的法律，是以任何有靈性的存在物的本性爲基礎的，而不問他以怎樣的方式降生於人間，也不問他在來世的命運如何，這個存在物由於自己的眞正本質而不得不求福避禍、愛享受和怕痛苦。規定人皆不得損害他人並得對他人行善的法律，也是以有靈性的存在物的本性爲基礎的，這些存在物過著社會生活，而且由於自己的本性，不得不用輕視的態度對待所有不給他們做任何善事的人，和用仇視的態度對待所有損害他們的幸福的人。

不管上帝是否存在，祂是否向人們說明過自己的意志，道德義務總是不變的，除非人們喪失他們固有的本性，也就是說，除非他們是沒有靈性的存在物。否則，爲了理解一切極端的行爲，顯然會給他們造成身敗名裂的後果，爲了理解只有制止這些極端行爲，才能保全自己，爲了理解只有對他人行善，才能得到他人的熱愛，以及爲了理解任何罪惡都是引起報復和敵對行爲的最可靠的方法，難道人們需要某個不可知的上帝或者不可見的立法者嗎？難道他們需要神祕的宗教、虛幻的恐怖物嗎？

沒有法律的時候也就沒有罪孽。再沒有比這種論點更錯誤的了。只要使人成爲他現在這個樣子，即成爲有靈性的存在物，他就有十分足夠的能力辨別使他滿意和不喜歡的東西。只要人懂得其他任何人也是像他自己那樣有靈性的存在物，就足以理解到什麼是對他有利和有害的。只要人力求不使自己受到敵視，他就足以理解，和自己同類的人是他所必需的。總之，對於能夠感覺和思想的存在物來說，只要有感覺和思想就足以理解他應當如何對待自己與他人。我覺得，而且別人也會像我一樣的覺得：這就是一切道德的基礎。

一七二　宗教和宗教道德對人們是極有害的，也是違反人類本性的

要判斷某種道德體系的優劣，我們只能根據這種體系是否符合人性。這樣比較之後，如果認爲這種道德體系損害人的幸福，我們就可以拋棄它。凡是對宗教及其超自然的道德認眞思索過的人，凡是對宗教的一切優缺點冷靜權衡過的人，都會相信宗教和宗教道德對人類是有害的，並且在任何場合下都違反人的本性。

「人民，武裝起來！起來保衛天主的事業！上帝受到了侮辱！信仰處在危險中！打倒無

神論！打倒褻瀆神靈的行爲！打倒異端！」神父們歷來就運用人們絕對無法理解的這些可怕詞句的神奇力量煽動人民、推翻君主、燃起內戰的火焰、號召人民自相攻擊。如果我們企圖弄清楚引起上天憤怒和造成最大的破壞的那些似乎嚴正的原因，原來關鍵在於抱著狂妄幻想和可笑臆造的神學家，或者懷著他那非法的野心的僧侶，破壞了社會的聯繫，並且使人類淹沒在血泊淚海中。

一七三　宗教和政治的結合對於人民和君主都是極端有害的

當世的掌權者在把上帝請來管理人民以後，就自封爲上帝的受塗聖油者及其在地上的代理人，認爲自己的權力是神靈授予的，這樣當然就一定會使僧侶階級變成自己的競爭者，或者變成自己的主人。所以，無怪乎僧侶階級如此經常的利用天上的帝王來壓迫凡間的帝王。難道這個僧侶階級不曾無數次的告訴過凡間君主，說最強大的政權應當屈從於教會信仰的權力嗎？再沒有比同時侍奉兩個主人更困難的處境了，如果這兩個主人在他們對僕人提出的要求上不能取得一致的意見，處境就會特別困難。

宗教和政治的結合必然會形成國中之國。在這種局面下，神父解釋神的法律常常違反了國家的法律和利益。當君主手上掌握了穩固的權力，當他們確信自己的臣民會忠心耿耿，神的法律有時就不得不對凡間統治者英明的指示讓步；但是，最常見的情形是王權屈服於神權，亦即王權適應於僧侶的利益。對於君主說來，再沒有比侵犯僧侶的權力更加危險的事情了，也就是說，再沒有比企圖矯正宗教，加以合法化的各種弊端更加危險的事情了。如果神權、神職人員的特權、財富和個人受到侵犯，上帝就會勃然大怒。

只有當所有這些理論符合人們的利益的時候，人們的形而上學捏造或宗教信念才會影響他們的行爲。這個眞理在許多君主對待他們經常要加以反抗的教會權力所採取的態度上，得到最令人信服的證明。難道深信宗教的必要性和權利的君主們，不應當衷心認爲自己有義務馴服的實行僧侶階級的命令，承認這些命令是神靈意志的表現嗎？曾經，深信教會權力的優越性的君主或人民都是比較一貫的，他們處處都向僧侶階級讓步，甚至變成了僧侶意志的奴隸和馴服工具；這個「幸福的」時代已經過去了。無論這多麼奇怪，現在某些最虔誠的君主雖然承認人們是神靈的僕人，但是經常反抗他們的意圖。凡是十分信仰神靈和恐懼神靈的君主，本來都應當經常拜倒在神父面前，承認他們是眞正的統治者。理所當然的，凡間誰的權力能夠與至高者的權力相比呢？

一七四　對於絕大多數的人來說，宗教崇拜都是勞神傷財的

力求鞏固自己臣民的偏見的君主，是不是足夠嚴謹考慮過那些認爲自己有權擅自發號施令和以上帝的名義，煽動幾百萬民眾的激情，享有特權的蠱惑家們的說教，過去所產生的和

永遠會產生的那一切後果呢？當這些神靈的代言人想在國內製造混亂現象時（像我們經常觀察到的情況那樣），他們會造成何等的毀滅和破產的局面啊！

對於絕大多數人說來，再沒有比神靈崇拜更有破壞性和更使人無法承受的了。在每一個國家裡，神職人員不但構成國民中最高的特權階級，而且掌握著絕大部分的社會財富中，他們認為自己有權在同胞身上徵收各種名目的苛捐雜稅。至高者的這些仲介人為了他們所享受的那一切巨大的利益，會給民眾帶來多麼實在的好處呢？為了換取財富和尊榮，他們顯然只給予民眾一些祕密、猜測、典禮、強詞奪理的辯論和沒有休止的糾紛，而因為有了這些東西，國家往往必須付出臣民流血的代價。

一七五　宗教腐蝕道德

宗教冒稱是道德最穩固的基礎，它顯然會使道德喪失真正的刺激力，而用臆造的推動力和不可理解的幽靈來代替它們，這分明違反健全的思想，誰也不可能真正接受。所有的人都肯定的對我們說，他們堅決信仰有賞有罰的上帝；所有的人都認為自己深信天堂和地獄的存在；但是我們可不可以說，這些信念會使人們變好，或者在大多數人的心靈中會戰勝微小的世俗利益呢？人人都肯定的對我們說，他害怕神靈的審判，但是只要相信他能夠躲過世人的審判，他就會縱情恣欲。

對不可見的法官的恐懼比對可見的法官的恐懼，很少有更強烈的影響。在遙遠的未來、渺茫虛幻的苦難的威脅，沒有站在絞刑架下或者目睹被吊者的形象那麼使人心驚膽戰。我們不會發現廷臣害怕上帝的憤怒能夠稍微比得上對喪失君主寵愛的恐懼。撫恤金、爵位、勛授能夠使人忘記地獄的苦難和天上帝王的宮殿裡的一切享受。女人的溫存永遠勝過至高者的威脅。笑語、趣談、俏皮話，比嚴肅的宗教教訓帶給世人的印象強烈得無法相提並論。

人們不是硬要我們相信，只要有深刻、眞誠的懺悔，就足以得到上帝的赦免嗎？但是我們很少看見有這種眞誠懺悔的事例；無論如何，我們很少知道偷盜者即使在臨死前的一刻，會歸還非法攫取的財物。當然，人們都使自己相信，如果他們無法逃脫地獄的火焰，那麼他們會用種種方法忍受它，因爲*與老天爺永遠是可以商量的*，比方可以爲了教會的利益犧牲一部分掠奪來的財富；大多數虔信宗教的騙子都心安理得的死去，很少對他們曾經用來在奪取這個世界上許多財富的那些方式感到悔恨。

一七六　篤信上帝的極其危險的後果

連最熱心於保衛宗教及其必要性的人也承認，人們眞誠信教的情況是極少有的；我要補充一句，這種情況對社會是完全沒有益處的。當人們不再爲凡間世界所需要的時候，他們就厭惡這個世界；當女人在塵世生活中再也找不到快樂的時候，她就獻身於上帝。她的虛榮心要求她扮演虔信者這個新的角色，因爲這個角色補償她喪失了的往日的享樂。細心履行宗教儀式可以使她消磨歲月；陰謀、傾軋、造謠、誹謗可以供她用來與她同夥的虔信者中出人頭地和爭奪地位。

如果說虔信者具有討好上帝和神父們的才能，他們就不會得到社會的好感，或者說，不會有益於社會。在虔信者看來，宗教是一種便利的假面具，可以掩飾和辯護虛榮、壞脾氣、敵意、報復、偏執、記仇等欲念。虔誠的人掌握著肆虐之權，對於溫良、寬容和快樂，他們都是不在意的；篤信宗教允許人審判其他的人和爲了神靈更大的光榮而懲罰和處死不敬神靈者。虔信的、同時又不具有社會生活所必需的任何一種品質的人，這是司空見慣的現象。

一七七　來世生活的假設不會使人得到安慰，也不是道德所需要的

人們肯定地對我們說，來世生活的教條對社會的幸福具有重大的意義；人們以爲，沒有這個教條，人在凡間就不會有行善的任何驅力。總之，爲了使有理性的人懂得在凡間應該怎樣行動，他需要幽靈和無稽之談！難道我們每個人不是清楚的了解，我們希望得到旁人的讚許、尊敬、同情，我們的利益就在於不做一切可能使我們招致恥辱、輕視和公憤的行爲嗎？無論慶祝會、談話、集會的時間如何短促，難道人們不力求在他的同類中扮演一個對

己、對人都可敬和愉快的角色嗎？如果生命只是一個過渡階段，我們就要設法改善它；但是如果不尊重我們所有的旅伴，我們就無法達到這個目的。

宗教充滿著暗淡、憂鬱的幻想，它斷言，人在凡間只是過客；它又做出結論，爲了得到這次在地上旅行的幸福，人應該離群索居，拒絕他在旅途中遇到的一切快樂，和放棄能夠使他在勞累和沉悶的旅途中當作消遣和休息的種種享受。斯多噶派[52]晦澀的哲學有時也像宗教一樣，給我們一些並不合理的忠告；比較合理的哲學則勸我們用鮮花鋪滿生活的道路，從這

---

[52] 斯多噶派，是斯多噶主義的擁護者。斯多噶主義是西元前四世紀產生於希臘、由季蒂昂的芝諾（西元前三三六—二六四年）創立並存在到西元六世紀初的一個哲學學派。古希臘的斯多噶派具有唯物主義傾向。後來斯多噶主義退化爲與宗教緊密聯繫的唯心主義學說。古羅馬最著名的斯多噶主義者時賽涅卡、愛比克泰德、馬可·奥勒留。霍爾巴赫指的正是羅馬斯多噶主義，它的注意力主要集中在道德上。羅馬斯多噶派反對偉大的希臘唯物主義者和無神論者伊比鳩魯及其羅馬繼承者盧克萊修的倫理學。他們教導說，世界上存在宿命的必然性，並且號召人們道德上自我完善，似乎透過順從命運、絕對消極無爲、拒絕「此岸」世界的快樂，就可以達到這種自我完善。斯多噶派的倫理學給予了西元一世紀所形成的基督教，強有力的影響，而基督教正如恩格斯指出的，是「從普遍化了的東方神學、特別是猶太神學和庸俗化了的希臘神學、特別是斯多噶派哲學的混合中」產生的（《馬克思恩格斯全集》，中文第一版，第二十一卷，第三四九頁）。霍爾巴赫這裡暗指基督教道德與斯多噶主義之間的相似。——俄譯本注

條道路上趕走一切悲傷和恐懼，在旅途中分享我們同胞的樂趣，並在種種的快樂和無害的消遣中尋找休息，而擺脫我們在地球這個舞臺上，如此頻繁遇到的一切困難和乖運；這個哲學教導我們，爲了使旅行愉快和愜意，我們必須避免一切可能會損害我們的東西，並且嚴格不渝的預防一切可能會使我們變成旅伴所討厭的人的行爲。

一七八　和虔信者比起來，無神論者有更多行善的動機，有更多的理由順乎自己的良心

人們問：如何能夠促使無神論者行善呢？能夠促使無神論者行善的東西就在於：希望使自己和同類滿意；追求安寧和幸福的生活；需要得到他人的愛和尊重，因爲這些人的存在和屬性相比，絕對無法認識的某個存在物要實在得多和容易理解得多。人們可能對我們說，對於不害怕上帝的人說來，再也不可能有任何可怖的東西或不允許的事情。但是這種人會害怕人民；他會害怕他們的輕視，他會害怕恥辱、法律的制裁；並且最後，他會害怕自己、害怕良心責備，而所有認爲自己照理應當被同類所痛恨的人，都會受到良心責備。

良心是我們內心的法官，它正確無誤的證明我們的行爲在何種程度上應當受到鄰人的尊敬或譴責。良心是建立在我們對人們的認識和對自己的行爲必然使人們產生的那些感情的

基礎上。虔信者的良心只知道自己是否得到上帝的歡心，但他對這個上帝是沒有任何概念的，因爲向他說明上帝的不可理解和值得懷疑的意圖的，就是那些值得懷疑的人，這些人和虔信者本人一樣，並不了解上帝，他們在什麼東西會使這個上帝喜歡或者不喜歡的問題上，常常自相矛盾。簡而言之，控制信教者的良心的人就是那些本身就昧著良心和利令智昏的人。

無神論者能不能有良心呢？有什麼動機可以使他不會暗中做壞事，或者在人們看不到和法律管不到的地方不犯罪呢？生活經驗會向無神論者證明，沒有哪一種惡行能逃過報復。而且如果無神論者珍重生命，他就會避免一切可能會損害他的健康的過激行爲；他不會願意讓自己過苟且偷安的可憐生活，也不會願意折磨自己和別人。至於說到暗中做壞事，那麼由於他無法避免的內心的恐懼，他是不會去做的。如果無神論者是聰明的，他不得不承認自尊心的意義。這種自尊心是每一個誠實的人都應當追求的。其次，無神論者不能不知道，任何一些無法預見的情況都可能揭露他的一切祕密勾當。總之，死後的世界絕對不會成爲人們行善的驅力，如果他們不在凡間尋找這種驅力的話。

一七九　應當認爲主張無神論的君主比虔誠而且殘酷的君主好

有神論者對我們說：「無神論思想家本身可能是十分正派的人，但是他的著作卻教育出一些信仰無神論的政客。君主和內閣大臣如果沒有受到神靈的恐懼的約束，就會喪盡天良的讓自己任意橫行霸道。」但是，無論我們把高居寶座的無神論者設想得如何荒淫無道，他的惡行以及他帶來的危害，總不可能跟不但不是無神論者，反而常常以最是篤信宗教和虔敬神靈著稱的，所有那些侵略者和暴君、壓迫者、野心家和廷臣，造成人類那些暴行和罪惡相提並論。難道有哪一個不信宗教的君主，能夠比宗教信仰和令人可憎的惡行集於一身的路易十一[53]和菲利浦二世[54]或者黎胥留[55]更貽害於世界嗎？我們幾乎不知道有主張無神論的君主，可是把極端的殘酷和最狂熱的虔誠結合於一身的暴君和內閣大臣則是司空見慣的現象。

---

[53] 路易十一，法國國王（一四六一—一四八三）。他在位期間，法國幾乎完成了國土統一和奠定了王朝專制制度的開端。他的特點是狂妄、極端多疑和殘酷。——俄譯本注

[54] 菲利浦二世，西班牙國王（一五五六—一五九八）。——俄譯本注

[55] 黎塞留，阿爾芒·讓·普萊西（Armand Jean du Plessis de Richelieu，一五八五—一六四二），法國政治活動家，樞機主教。依靠擔任公職的貴族和資產階級，促進王朝專制制度的鞏固，路易十三在位期間實際上是法國的統治者。進行了反對新教胡格諾教徒的爭鬥。——俄譯本注

一八〇　以哲學爲基礎的道德對於美德說來是完全足夠的

凡是肯思考的人必然會意識到自己對他人的義務，一定會承認自己與他們的聯繫；他會研究自己的性格，了解自己的需要和欲望，弄清自己對決定他本身的幸福的那些存在物的義務。所有這些思考就自然而然的產生道德原理，因爲道德是生活在人類社會中的人必須要具備的。凡是喜歡進行自我分析、研究和探討一切現存事物根源的人，通常都沒有那些極有害的欲念；他最強烈的欲念永遠是渴望認識眞理，而他的野心僅僅在於力求把這個眞理告訴別人。哲學能夠培養人的心靈和頭腦。從道德和正直的觀點來看，能夠獨立思考的人之勝於無所用心的人，難道還不明顯嗎？

如果無知有利於神父和壓迫人類者，那麼對於社會，它就是十分有害的。沒有受過教育的人不能利用自己的理性；一個既沒有理性又沒有教養的人，簡直是一個野蠻人，他隨時都可以犯罪。道德或關於人的義務的科學，只有在研究了人的本性以及人和所有在生者的關係以後才會理解。凡是自己不思考的人，他就不懂得眞正的道德，也不可能滿懷信心沿著美德的大道前進。人們愈不思考，他們就愈壞。野蠻人、君主、有錢有勢的人、社會敗類，絕大部分都是壞透了的人，因爲他們是最不用腦子思考的。

虔信者從來不用腦子，而且反對思考；他害怕任何的批評；他屈服於權威，而且常常認爲聽信不懷好意的人的唆使去爲非作歹乃是自己的神聖義務。無神論者則是沉思的，他鄙視迷信，而重視自己的生活經驗。如果他的沉思是正確的，他的良心就是純潔的；他就會有比虔信者更多的、實在的動機從事善良的事業，因爲虔信者除了幽靈以外，沒有任何道德上的刺激，因爲他從來不尊重自己的理性。但是，我們試想，推動無神論者行善的種種刺激還不是強大得足以控制他的欲念，他的目光猶如此短淺，竟不承認促使他與自己的欲念交戰的最明顯、最實在的原因。那又有什麼關係！他可以既惡且壞；但是他絕不至於比篤信宗教的人更好或者更壞；固然宗教有自己一整套神聖的戒律，但是這些虔信者並不戒除宗教所譴責的種種行爲。難道信仰宗教的壞蛋比沒有任何宗教信仰的壞蛋更不可怕嗎？難道篤信宗教的暴君比不信宗教的暴君更不專制嗎？

一八一　信念對人的行爲有時影響很少

前後一貫的人是極其少有的。只有在人的信念符合於他的性格、欲念和利益時，這些信念才會影響他的行爲。正如我們從日常經驗中所知道的，宗教信念造成許多惡，卻很少產生善；這些信念之所以有害，是因爲它們經常姑息暴君、野心家、狂信者和神父的欲念；它們之所以毫無益處，因爲它們不能抵抗絕大多數人自然的、迫切的興趣和利益。如果一個人的宗教信念違反他的強烈欲望，他總是要拋棄自己的這些信念；那麼即使這個人不是無神論者，也完全會像任何一個無神論者一樣的行動。

如果我們想根據人的行爲判斷他的信念或者根據人的信念判斷他的行爲，我們就永遠有犯錯誤的危險。極端信仰宗教的人，儘管自己野蠻的宗教教理如何反社會、如何殘酷，有時也會表現得十分仁愛、寬容和穩健；在這種情況下，宗教教理顯然是和他的性格背道而馳的。某一個輕薄漢、淫佚者、僞善者、通姦者或騙子偶爾也會說出極其高尚的道德信念。而爲什麼他不把這些信念付諸實踐呢？因爲他的性格、利益、習慣與他那些冠冕堂皇的抽象理想絕不相容。被許多人奉爲神聖、嚴峻的基督教道德原則，對於那些向別人宣傳這種道德的人的行爲，原來只有十分微弱的影響。難道他們每天不是肯定的對我們說，我們應當遵循他們的教導，而不要過問他們的行爲嗎？

宗教衛士們最習慣於把不信宗教的人稱爲壞人。許多不信宗教的人沒有道德，自然是有可能的；但是他們之所以沒有道德，是由於他們的性格，而不是由於信念。他們的行爲和信念之間有什麼關聯呢？難道沒有道德的人不能成爲很好的醫生、建築師、幾何學家、邏輯學家、形而上學者、思想家嗎？行爲無可指責的人，可能在許多事務上完全無知，也可能不善於思想。當問題涉及眞理時，誰發現了眞理對我們是沒有關係的。我們不要根據人的信念判斷人，也不要根據信奉這些信念的人來判斷信念；請根據人的事業判斷人，根據這些事業在何種程度上符合經驗、理性和人類的利益來判斷人的信念吧！

一八二　理性使人站到不信神和無神論的立場上

任何進行思考的人必然會達到不信神，因爲理性向他證明，神學只不過是一堆亂七八糟的幽靈，宗教違反健全思想的全部原則和僞造人類的全部認知。思想健全的人之所以變成無神論者，因爲他深信，宗教不但不會使人幸福，而且會成爲人類所遭受的一切最大的動盪和經常的災難的主要根源。追求幸福和安寧的人，只要對宗教有了明白的認識，就會否定它，並且會承認，終生膽戰心驚的害怕那些爲恫嚇神經衰弱的婦女和兒童而創造的幽靈，不但是令人厭惡的，而且也是無益的。

的確，根本忽視理性的任何論據的淫佚者，有時也會達到不信神；但是道德高深的人有十分正當的理由批評宗教和擺脫宗教的羈絆。宗教的威嚇無力使壞人除去根深蒂固的惡習，而是摧殘、折磨和壓制脆弱的靈魂。英勇卓越的人很快就會拋掉他們暫時被迫忍受的羈絆。膽小怕事的人則終生在這種羈絆下過著可憐的生活，在經常的恐懼中日形衰老，他們永遠都受到毒害他們生活的種種懷疑和猶豫的壓迫。

神父們把上帝變成了十分陰險惡毒、令人憎惡和猙獰可怕的存在物，以致世界上不少人衷心希望這個上帝根本不存在。經常感到恐懼的生活會是幸福的嗎？虔信者和所有崇拜殘酷的上帝的人啊！承認你們敵視上帝吧！承認你們希望祂不存在吧！如果一想到這個統治者就使人痛苦，難道不可以希望祂不存在或者會消滅嗎？神父們用來創造上帝形象的那些憂鬱情調就是如此，這個形象使人感到憤慨，引起敵視上帝的情緒和產生拋棄任何關於上帝的思想的願望。

一八三　唯有恐懼會使人們變成信教的人和有神論者

如果說恐懼創造了神靈，則也只有恐懼才支持著神靈對凡人心智的統治；從遠古以來，人們都習慣在聽到神的名字時就嚇得發抖，竟使這個神靈在他們眼裡變成了一種可怖的幽靈、一種稻草人、一種折磨他們，使他們喪失控制自己的勇氣和力量的恐懼之物。他們總是擔心：一旦他們不再害怕這個不可見的幽靈，他們立即就會受到祂的傷害。虔信者過於害怕自己的上帝，所以不可能衷心的愛祂；他們在上帝面前奴顏婢膝，所以不能擺脫祂的控制，他們寧願阿諛祂，而且即使陷於自欺，也得要使自己相信，他們歸根到底是愛上帝的。他是在被迫之下才是有德行的。虔信者之愛上帝猶如奴隸之效忠暴君，不過是被迫和僞善的承認強力罷了，內心是絕對不同情的。

一八四　我們是否能夠和應當愛上帝？

基督教神學家們把自己的上帝變成了一種很不可愛的存在物，所以他們有些人決定不讓自己承擔這個義務，以致因此而被比較含蓄的同伴革除教籍。比方聖托馬斯斷定，對上帝的愛是在人開始利用自己的理性的那個年齡產生的。耶穌會教徒西爾蒙德則反對說，這種愛還太早了。另一個耶穌會教徒瓦斯凱茲堅決的說，臨死的時候愛上帝就夠了。較不馴良的古爾達多則說，一個人一年應該愛一次上帝；亨利凱茲寬容到允許五年一次的愛上帝；索圖斯同意星期天愛上帝。西爾蒙德問道：爲什麼要中斷呢？接著他補充說，蘇阿列茲建議偶爾的愛上帝。那麼，要在什麼時候呢？對於這個問題，他讓我們自己去判斷；這是西爾蒙德所不知道的。他說，因爲既然連如此博學的神學家都不知道這個問題，誰還會知道呢？西爾蒙德繼續宣稱，上帝不會命令我們對祂抱熱烈的愛情，也不會答應在我們把心交給祂的時候拯救我們；我們只要實行了上帝的訓誡，就算是聽上帝的話，並且用眞正的愛情愛過上帝了；上帝也只要求我們有這種態度；同時祂不會命令愛祂，而只是命令不要敵視祂。這種教理在冉森派信徒看來是褻瀆的、討厭的邪說；他們把自己的上帝描寫得如此正顏厲色、面目可憎，所以這個上帝比他們的對頭耶穌會教徒的上帝更不可愛；耶穌會教徒爲了招致最大數量的擁護者，立意給上帝加上種種甚至能夠使最缺德的人得到鼓舞的品質。由此可見，對於基督教徒說來，最迫切的問題，即關於是否必須愛上帝的問題，過去就是這樣明顯。在基督教教會牧師中，也有這樣一些人，他們勸人全心全意的愛上帝，儘管祂非常嚴峻；另一些人，如神父但尼耶爾，認爲赤心愛上帝是基督教中最英勇的美德，但不是弱小的人所能達到的。然而耶穌會教徒賓鐵羅走得更遠，他斷定，新同盟的一個特權就是擺脫愛上帝的難受的束縛而獲得

•解放。[56]

一八五　無論上帝或宗教都只是人類想像的產物而已

一個人的性格永遠預先決定著他的上帝的屬性；每一個人都按照自己的模樣來創造上帝。追求享受和娛樂的樂天者，無法設想上帝是嚴峻和記仇的；他的上帝應當是寬厚的，很健談的。嚴酷無情、憂鬱不歡、動輒發怒、喜歡挑剔的人，需要一個會引起恐懼和驚慌心理的上帝；在這種人看來，凡是認爲上帝是善良和寬容的化身的人都是壞的。邪說、紛爭、分裂都是必不可免的現象。所有的人都是依各自的方式創造的，他們彼此之間無法完全相似的；他們怎麼能夠同樣的對待只存在於他們想像中的幽靈呢？

在神職人員中不斷產生的、殘酷而且永無休止的辯論，不可能使他們得到人們的信任，並用公正的眼光看待這些辯論。當你看到神父們對於他們向人們宣傳的那些原則，從來無法取得一致意見的時候，怎麼能不陷入完全不信神的地步呢？如果神職人員自己對上帝都持最不一致和矛盾的意見，怎麼不會對上帝的存在產生懷疑呢？既然任何關於上帝的思想都是一

[56] 參閱《各大主教管區來信的辯解》（*Apologie des Lettres provinciales*），第二卷。——著者注

團極不相容的矛盾，最後怎麼不會把這些思想加以拋棄呢？如果神父們經常彼此採取敵對態度，互相指責對方是不敬神的人和異教徒，僅僅因為他們全都按照各自的方式理解他們向世界宣布的那些所謂眞理而互相屠殺和殘酷迫害，我們怎麼能夠信賴他們呢？

一八六　上帝的存在是一切宗教的基礎，但未曾被證明過

一切宗教都以上帝的存在爲基礎。但是這個重要的眞理迄今還沒有被證明過；我所謂證明，不僅是說可以使不信宗教的人相信，而且還要能使神學家本人滿意。歷來都有一些思想家在替這個最有利於人類的眞理尋找更加嶄新的證明。所有這些沉思和證據產生了什麼樣的結果呢？這些思想家翻來覆去還是無法使問題得到解決；他們什麼也沒有證明過，卻幾乎永遠引起了同行們的非難，這些同行責備他們沒有眞誠老實的對待這個十分重要的問題。

一八七　只能責備神父自私，不能責備不信神者自私

保衛宗教的人每天都對我們肯定說，不信神是由於人有欲念。按照他們的說法：「人們之所以變成無神論者，是由於虛榮心和出人頭地的欲望；而且他們之所以企圖從頭腦中驅逐關於上帝的思想，只是因爲他們做賊心虛，害怕上帝嚴峻的審判。」但是不管是什麼原因使

人們走向無神論，關鍵在於他們是否找到了眞理。沒有一定的動機誰都不會有行動；所以我們首先要弄清楚論據，然後再來考察這些動機是否比把虔信者交給絲毫不值得信任的牧師去支配的那一切動機，更不合乎規律和更不合理。

看吧！可敬的神父們，你們硬說，欲念產生無神論；你們認爲，無神論者之拒絕宗教不是出於自私的考慮，就是爲了迎合自己的不良傾向；你們硬說，他們推翻你們的神靈，只是因爲他們害怕神靈的憤怒。好的！但是難道你們這些保衛宗教和宗教的一切虛幻教條的人，眞是那麼反對欲念和自私嗎？是誰從神父們如此熱情的奔走呼號的宗教中取得收入呢？正是神父自己。宗教使誰得到權力、威信、尊榮、財富呢？還是神父。誰到處同理性、科學、眞理、哲學進行戰爭，並且引誘各國的君主和人民離開它們呢？仍然是那些神父。地上有誰從人們的愚昧無知和荒謬偏見中取得利益呢？是神父。這樣看來，神父們，你們受到獎勵、尊敬以及報酬，都是因爲你們會欺騙人們；所以你們不得不懲罰所有企圖叫人們睜開眼睛看清你們騙局的人。你們收入的來源是人們的狂妄，你們接受饋贈和賄賂；而等待著向人類宣布最有益、最必需的眞理的人們的，則只是鐐銬、刑訊和篝火。讓人類來作判斷吧！

一八八　驕傲、狂妄自大和腐化在更大的程度上是神父所固有的，而不是無神論者和不信神的人所固有的

驕傲和狂妄自大，在過去和未來始終是僧侶固有的惡行。如果神父們認爲他們的權柄是上天賦予的、他們個人是神聖不可侵犯的、他們是至高者的使節和僕人，還有什麼東西能比神父的野心更使人變得傲慢和愛虛榮呢？難道經常培植這些信念的不是各國人民的輕信，君主給予神父的尊榮和種種恩典，以及僧侶所享受的那一切特惠條件、優待和特權嗎？任何一個國家裡的普通人民對待自己的、被奉爲神靈代表的教會牧師的態度比對待凡間的、被認爲是一般人的統治者的態度，都要忠心耿耿得多。任何一個鄉村神父在自己教區的教民中，比地主或法官有更大、更多的影響力量。信仰基督教的神父認爲自己是比國王或皇帝都要高貴得多的人物。當一個西班牙的高等貴族沒有那麼客氣的對待一個僧侶時，這個僧侶就傲慢的聲稱：「您要學會尊重人，要知道他每天都在與您的上帝打交道，您的女王也要對他鞠躬。」既然如此，神父們有沒有權利責備不信神的人驕傲呢？他們能不能吹噓自己特別謙遜和十分溫良呢？他們職業的根本目的就在於希望對民眾進行統治，這還不明顯嗎？如果神職人員果眞是謙遜的，難道他們會表現出如此渴求高位的願望嗎？難道他們會因爲稍不如意就怒氣沖沖嗎？難道他們會如此殘酷無情的對付所有和他們意見相左的人嗎？難道科學沒有教導我們，要十分謙遜的理解到，獲得眞理談何容易嗎？除了極端傲慢以外，還有什麼別的欲

念能夠使人們變成如此殘酷和愛記仇、如此沒有寬容精神和同情心的生物呢？如果狂妄自大控制著一大批一大批的民族，並且迫使他們爲爭奪統治地位或者爲保衛某些毫無意義的主觀猜測，而大量流血犧牲，那麼有什麼東西可以比得上這種狂妄自大呢？

神學家啊！你們硬說，只有狂妄自大才使人們變成無神論者；讓他們去認識你們的上帝吧；把你們上帝的本質告訴他們吧；不過請用可以理解的語言與他們談話；請使用合理的論據、請報導可能發生的和不悖理的事情。如果你們無法滿足所有這些要求；如果你們至今還沒有一個人能夠十分清晰和令人信服的證明上帝的存在；如果根據你們自己的承認，這個上帝的本質對於你們也像對於其他凡人一樣不可理解，那麼，請不要責備人們，說他們不同意他們既無法理解、也不能使之符合理性法則的那個東西可能存在；請不要把那些老老實實承認自己無知的人叫做狂妄自大的人；請不要責備對不可調和的矛盾、不能熟視無睹的人是喪失理智；請記住，哪怕一生只記住一次也好，煽動各國人民和君主的怒火，來反對那些不同意你們的上帝（關於這個上帝連你們自己也沒有絲毫概念）信念的人是多麼的卑鄙和可恥。如果你們讓自己狂妄自大和極端自負的談論連你們自己也承認是不可理解的事物，那麼有什麼東西能夠比得上這種狂妄自大和極端自負呢？

你們反復不斷的對我們說，精神上的墮落會導致無神論，人們企圖擺脫神靈的控制只是因爲他們害怕神靈的審判。但是爲什麼你們使自己的上帝具有如此可惡的屬性，以致使祂變得令人無法忍受呢？爲什麼這個十分強大的上帝會允許人們腐化墮落呢？如果一個暴君掌握著控制人類靈魂的權力，允許人們誘惑、摧殘和腐蝕這個靈魂，如果暴君拒絕把自己的恩典賜給人民，而滿足於懲罰他們和使他們遭受永恆的苦難，因爲他們容易受誘惑，因爲他們變得殘忍了，以及因爲他們沒有被拒絕給予他們的天恩神惠，難道不能夠設法去掉這個暴君的束縛嗎？可以設想，既然神學家和神父能夠不敵視像他們的上帝（他們向我們宣揚的上帝）那樣的獨裁統治者，他們一定是深信天恩神惠和自己幸福的未來的。能夠判處自己的創造物遭受永恆苦難的上帝，顯然是只有人類的想像，才能虛構出來的最可惡的存在物。

一八九　迷信是暫時的現象；任何一種力量如果不以眞理、理性和正義爲基礎，就不能長久存在

地上任何一個人眞正說來都不會熱衷於讚美謬誤；任何錯誤遲早會讓位於眞理。全民的利益終歸會使凡人覺悟到眞理；欲念本身有時也會有助於割斷迷信的鏈條。難道兩百年以前鼓舞某些君主的欲念，沒有促使歐洲的許多國家推翻傲慢的、往日管轄著所有隸屬於他的教會，其國王、教皇的暴虐政權嗎？採取了某些開明措施的這種政治，使僧侶喪失了由於人類的輕信而聚集在他們手上的那一大筆財富。

這個値得紀念的例子難道甚至不會向神父們說明，迷信不是永恆的，只有眞理才能保障人們得到牢固的幸福嗎？

當神父們用諂媚博取君主的歡心，把神權授予君主，並且使君主個人變成崇拜的對象，縱容他們對人民進行專橫統治的時候，難道他們不明白，他們在使這些君主變成暴君嗎？莫非他們無法預見被他們吹得天花亂墜的龐大偶像有朝一日終將坍塌，並且會用自己過大的重量把神父們本身壓死嗎？難道成千的事例沒有向他們證明，他們應當害怕這些解脫了鎖鏈的獅子嗎？因爲這些獅子一旦消滅了人民，遲早總會向神父本人猛撲過去的。

只有在神父們變成同胞的時候，我們才會尊敬他們。如果他們力所能及，盡可以利用自己神聖的權威鉗制那些不斷使田野荒蕪的國王；他們盡可以不使君主們掌握著殘酷的權利，以便逍遙法外的爲非作歹；他們盡可以認識到，一切國家的任何臣民都不願意向暴政屈膝；他們盡可以使君主們懂得，如果一種政權會使君主受到普遍的敵視，會使他們本身的安全、他們的力量和尊嚴受到威脅，這種政權對他們就是不利的；最後，神父們和覺悟的君主們盡可以明瞭，任何政權如果不以眞理、理性和正義爲基礎，就不可能是持久的和鞏固的。

一九〇　如果神父們變成了理性的使徒和自由的保衛者，他們該會得到怎樣的權力和尊敬啊！

神職人士既然進行著反對他們本應促進其發展的人類理性的血腥戰爭，他們的活動顯然會損害自身的利益。如果他們不去從事無益的爭論，而全心全意研究眞正有用的科學，探討自然、道德和國家體制的眞正規律，他們在賢人智士中間該會獲得怎樣的影響，怎樣的尊敬和威信，該會受到各國人民怎樣的感謝啊！如果一個組織把自己成員的閒暇和影響用來增進公共幸福，利用這種閒暇進行研究，利用這種影響教育君主及其臣民，誰還敢侵犯它的權力和威信呢？

神父們！拋棄你們的幽靈吧！拋棄你們不可理解的教條吧！拋棄你們的卑鄙糾紛吧！讓這些在人類幼年時期，曾替你們效勞的幽靈重新回到臆想的王國去吧！最後，學會理性的語言吧！並且，不要動員號召民眾反對你們的私仇，不要引誘人民參加你們的無聊爭論，不要宣傳無用的美德和狂妄的信條，而要做一個合乎人情道德和眞正公民美德的宣傳者；提倡人類眞正需要的美德吧！做理性的使徒、人民的啓蒙者、自由的保衛者、反對罪惡的鬥士、眞理的朋友吧！那時我們會感謝、尊敬和愛你們，而你們也就會永遠征服同胞的心靈。

一九一　如果哲學代替了宗教，世界上會發生何等有益、偉大的革命啊！

歷來哲學在一切民族所起的作用就是似乎預定充當宗教的婢僕。宗教敵視哲學，實質上始終只不過是一種職業上的嫉妒心理。所有習慣於思考的人本來不應當千方百計去互相損害和攻擊，而要聯合各自的力量反對種種謬見，同心協力探求眞理，而特別是要從根本上消滅迷信，因爲迷信對君主和臣民是同等有害的，而且傳播這種迷信的人們自己遲早也會變成迷信的犧牲者。

在開明政府的指導下，神父們都會變成最有益的公民。本來就已經得到國家慷慨支持，而絕對不必關心平民百姓，只要進行自我教育，讓自己看來是能夠教育別人的！莫非他們的智慧在發現清楚的眞理上，不會比徒然在咫尺莫辨的黑暗中徘徊得到更大的滿足嗎？莫非弄清如此明顯的人類道德原理，比弄清神聖的宗教道德臆想的原則更要困難嗎？對於最平凡的人說來，難道掌握關於自己各種義務的簡單概念，比記住他們絕對不能明瞭的各式各樣的祕密、玄妙的空談和模糊的解釋更要困難嗎？難道在教人們學會對他們沒有任何實在價值的東西上，所消耗的光陰和精力還少嗎？只要剝奪一些在絕大多數國家內只知搜刮民脂民膏的修道院，開明君主就會掌握多少財富來滿足社會的需要，鼓勵科學和教育的發展，培養青年一代啊！但是保衛著自己獨占的統治地位的迷信，顯然企圖只培植一些庸碌的人。這麼些過著十分闊綽的生活、無所事事的修道男女究竟何補於實際！爲什麼他們要徒然冥思遐想、無聊反復祈禱、舉行煩瑣的禮拜呢？爲什麼他們要用齋戒素食和自怨自艾來折磨自己呢？爲什麼他們不在合理的競賽中想方設法爲世界造福呢？爲什麼要根據修道者有害的誓言拒絕做這種服務呢？爲什麼要從兒童時期開始就用無稽的故事、僵死的教條、幼稚的虛構來培養受教者的頭腦，而不責成神父們傳授或者建議他們傳授眞正的知識，使孩子們都成爲可敬的愛國者呢？用現時的教育方法培養出來的人，只會有利於愚弄人民的僧侶和劫掠人民的暴君。

一九二　絕對不能把不信神的人臨死時改信宗教說成是反對無神論的證據

保衛宗教的人們責備無神論者不忠誠，因為無神論者有時對自己的信念也發生動搖，生病的時候改變自己的信念和臨死的時候背棄自己的信念。但是，當人的身體變弱了，他的思考能力自然也會隨之衰弱下來。奄奄一息的病者和日薄西山的老人，常常自己感覺到理性在離開他；他會覺得，偏見的權力在重新抬頭。有一些疾病可以使英勇精神受到損害，使大腦受損和破壞；也有一些破壞身體卻無傷於理性的疾病。不論如何，不信宗教的人即使生病時背棄自己的信念，也是一種罕見現象，而虔信者甚至在很健康的時候都用鄙視的態度對待宗教嚴格規定的義務。

斯巴達國王克里昂米尼[57]在其統治的整個時期中，沒有表現過強烈對神靈的忠心信仰，到了晚年卻變成了迷信者；為了使神靈喜歡自己，他把許多神父和祭司召到身邊來。這個國王的一位朋友對此相當驚訝。克里昂米尼說道：「您為何感到奇怪？我已經不是過去那個人了；我不再是過去的我了，我再也不可能像先前那樣進行思考了。」

宗教人士本身在日常生活中總是時常改變他們向別人宣傳的種種嚴峻原則，所以就使不

---

[57] 克里昂米尼三世，斯巴達國王（西元前二三五—前二二二年）。——俄譯本注

信宗教的人有權責備他們口是心非。如果某個不信宗教的人臨死或生病時背棄他健康時所抱定的那些信念，那麼神父們自己甚至不會在健康的時候改變自己宗教的最嚴格的原則嗎？我們是否可以看見哪些大主教是溫和、慷慨、沒有虛榮心的，痛恨奢侈和排場的和嚮往貧寒的呢？最後還有，我們是否能夠看見哪些神父們的行爲會符合被他們尊爲神靈和行爲表率的基督的嚴峻戒律呢？

一九三　所謂無神論破壞社會聯繫的武斷是虛妄的

據說無神論會破壞一切社會聯繫。不信仰上帝，怎麼相信誓言呢？如果無神論者不能用上帝的名義來證實自己的誓言，他們如何能夠聯繫呢？但是，難道誓言會具有如此不可破壞的力量，保證我們履行自己根據某種契約所承擔的義務嗎？一個會撒謊的人難道就不會違背誓約嗎？極端卑賤的人如果要背棄自己的諾言，或者極端無恥的人如果不顧輿論的譴責，堅決要破壞自己的義務，即使憑所有的神靈發誓，也不會有忠實履行諾言或義務的更多表現。不承認人民有權制裁自己的人，很快就會認爲自己也不屬於上帝本身所管轄。一切凡人中輕易發誓的君主難道不是同樣輕易的違背誓約嗎？

一九四　駁所謂人民需要宗教的陳腔濫調

人們反復不斷的說：「宗教是人民需要的。如果有教養的人不需要宗教提供的束縛，則對沒有受過合理的教育的無知群眾說來，這種束縛無論如何是必要的。」但真的可以把宗教看成是一種束縛人民的力量嗎？我們是否肯定宗教會制止貪欲、酗酒、粗野、暴力、偷盜和各式各樣的極端行爲呢？沒有任何神靈觀念的人民的行爲，會不會比國內盛行著簡直玷辱理性存在物的淫風惡習的那許多基督教民族的行爲，更可憎惡呢？我們難道不是常常觀察到，一些手工業者或平民雖然還沒有跨出教堂，卻是滿腦子的淫佚觀念，並且深信只要時常做禮拜，他就會得到心情愉快的沉湎於自己不良的習慣和嗜好的權利嗎？最後，既然普通人如此粗野和輕率，難道他們的愚昧無知，不是那些不過問國民教育，甚至反對教育臣民的君主們怠忽職守的結果嗎？溯本探源，難道不能把普通人的愚昧無知視爲神父們的政績嗎？這些神父不是用合乎理性的道德教育民眾，而只是向他們宣揚一些無稽故事和主觀幻想，並且向他們提倡種種毫無意義的儀式和虛妄的美德，好像這些儀式和美德是民眾的唯一需要。

對於一般人說來，宗教的內容不過是既定儀式的總和，這些儀式像動人的演出一樣吸引著他們，並被他們依照習慣和傳統執行著，除了能略微刺激他們遲鈍的大腦以外，對行爲毫無影響，也無改風尚。據宗教人士自己承認，只能看到極少數人才是刻骨銘心的抱著宗教信仰，使自己的生活處在這種信仰的影響下，並且使自己的愛好服從於這種信仰。平心而論，在最眾多和虔信的人民中，我們是否可以找到一些人了解自己的宗教原則並且從這些原則中汲取克服自己不良傾向的力量呢？

許多人告訴我們說，任何一種約束力量也要比根本沒有這種力量好些。他們肯定的說，如果宗教不能影響廣大的群眾，那麼它至少會遏制某些人的行爲，如果這些人沒有宗教，早就心安理得的犯罪了。約束民眾當然是必要的，但是他們不需要臆想的約束，束縛應當是明顯和實在的。應該使民眾經常對現實的後果發生恐懼，而不是使他們戰戰兢兢的害怕某些什麼幽靈。宗教只能使很少一些懦夫感到恐懼，按照這些人的性格來說，他們本不會構成對同胞的任何威脅。公平的政府、嚴格的法律、合理和人人都應當履行的道德，這就是任何人都會當然信從的東西，不把它們放在眼下是危險的。

一九五　合乎理性的哲學體系不是爲群衆創造的

也許我們會聽到這樣的問題：合理的無神論對群眾有用處嗎？我的答覆是：凡是需要思考的體系都不是爲群眾創造的。那麼，爲什麼宣傳無神論呢？這是因爲要告訴所有思想者，再沒有比自找麻煩更荒謬的事、也再沒有比用毫無根據的假設和猜測來打擾別人更不公正的事。至於從來不進行思考的群眾，無神論者的論據對他們而言並不會比物理學家的理論、天文學家的觀測、化學家的實驗、幾何學家的計算、醫生的研究、建築師的草圖和律師的邏輯更容易理解，雖然所有這些人也是爲人民而勞動，但是人民是否理解他們，則無關宏旨。

難道神學家們的形而上學理論和自古以來眾多老謀深算的幻想家們所進行的宗教辯論，比無神論者的論據更容易得到絕大多數人們的了解嗎？恰好相反，以簡單的健全思想爲根據的無神論原則，不是比建立在連最精明的頭腦也無法解決的、矛盾基礎上的神學原則更容易爲一般人所理解嗎？在每一個國家裡，人民都信奉宗教，對於這種宗教，他們絲毫不了解也不進行推論，只是按照傳統遵行；唯有神學家才研究十分複雜和不爲人民所理解的各種神學問題。如果由於偶然的原因，人民失去了他們所不理解的這個神學，他們會很容易就安於這種狀況，因爲這種神學不僅是完全無益的，而且會在人民中間引起極危險的騷動。

如果爲一般人民寫文章或者希望一舉消滅人民的全部偏見，那當然是不合理的。著書立說只是爲了那些能夠閱讀及思考的人；一般人民是不讀詩書的，更是不用思考的。思想健全和老成持重的人力求深造，知識逐漸在推廣，最後終於要傳到一般人身上去的。另一方面，以騙人爲職業的人難道不是常常弄到自我揭穿謊言嗎？

一九六　給君主們幾句明智的勸告

如果神學對神學家本人是一本萬利的事業，那麼很顯然的，對其他人來說，就是無用和有害的。人們遲早會領悟到，而接著就會理解自己的利益。無論君主或人民總有一天一定會了解，只能使人激動不安而絲毫不能使人們變好的虛妄的學問，應當受到鄙視，或者輕一點說，應當受到冷淡的待遇。總有一天人們會覺悟到，絲毫不能增進公共幸福而代價卻十分高昂的宗教儀式是沒有益處的；總有一天他們會覺得那些卑鄙的爭論是可恥的，只要不誇大其意義就不再破壞社會的安寧。

君主們啊！不要參加神父們無聊的爭論吧！不要魯莽的參與他們無恥的糾紛吧！不要使你們的臣民相信人人都應遵循的宗教信念吧！最好去研究他們在塵世的幸福，而不要去關心他們在其他世界的命運吧！。請公正的管理自己的臣民，頒布一些良好的法律給他們、尊重他們的自由和財產、關心他們的教育、鼓勵他們的著作、獎勵他們的才能和美德，消滅專橫的行為，而不要擔心臣民們會思考對你們不利對他們自己也不利的問題。那時，你們不再需要任何虛構的東西就可以進行統治，同時你們也會變成臣民的唯一領袖；在承認你們有權受到他們的愛戴和尊敬的問題上，他們就不會再有任何意見分歧。要知道只是暴君才需要神學的妄想，因為他沒有管理有理性的生物的才能。

一九七　宗教對人民和君主的極有害影響

即便是平庸的人都可以理解：一切超出人類理解的事物都不是為民眾創造的；自然的存

在物不需要超自然的東西；神祕莫測的祕密不是製造給才智有限的人的！神學家們輕率到竟去爭論連他們自己都承認是不可理解的事情，那麼爲什麼整個人類社會應當參與這些毫無意義的爭論呢？莫非人類應當爲保衛那些頑固空想家的某些臆測而流血犧牲嗎？如果很難去掉神學家本人的狂妄，也很難去掉一般人的偏見，則不讓一些人的狂妄和愚蠢產生致命的後果，無論如何要容易得多。要做到這一點，只需讓每一個人自由的思想；同時也需要每個人不因此損害其他的人。如果各民族的統治者比較公道明理，神學的爭論就會和物理學家、醫生、文法學家或批評家的學術辯論一樣，不致破壞社會的安寧。暴君的罪過就在於使神學的爭論在全國產生如此嚴重的後果。如果君主們不再干預神學問題，就無需爲神學糾紛操心了。

吹噓宗教的意義和利益的人們，本來應當向我們說明宗教的有利結果，說明神學的辯論與空洞的形而上學理論，會給予像裝卸工人、手工業者、農民、小商人、婦女和被自己主人帶壞了的僕役這樣一些人（這些人在我們的大城市中目光所及皆是）哪些好處。這種人絕大多數都有自己的宗教信仰；他們**盲目的**信仰，遇事都信賴神父；他們會不假思索的同意牧師的莫名其妙教義，聚精會神的聽他們說教，嚴肅認眞的做種種儀式；他們會把破壞他們從小就習慣於恪守不渝的任何教諭的行爲都看成是滔天罪行。但是這對他們的道德是否會有任何一點影響呢？一點也沒有！他們沒有任何道德觀念，而且你們可以看到，他們會讓自己逍遙法外的招搖撞騙、搶劫和營私舞弊。

一般的人民其實一點都不了解自己的宗教；他們所謂宗教實際上不過是對玄妙的信念和神祕儀式的盲從。剝奪人民的宗教，實際上就是沒有剝奪人民任何東西。如果要根除或動搖人民的宗教偏見，我們只有消滅或削弱人民對自私自利的牧師的有害信仰、和教育人民提防某些人藉口保衛宗教，常常把他們弄到家破人亡。

一九八　宗教對人民和君主的極有害影響（續）

宗教表面上是對人民進行教育和啓發，實際上是使他們繼續停留在無知狀態中，甚至打消他們認識對他們最有利的各種事物的興致。對於一般的人民說來，除了神父們好意叫他們遵守的那些行爲規則以外，沒有其他的行爲規則。對於他們說來，宗教就是一切；但是，既然宗教很不可解，它就只能使人們陷於謬誤，而不能給他們指出一條獲得知識和幸福的眞正道路；在他們看來，自然規律、道德、法律和政治都是神祕莫解的。被宗教偏見弄瞎眼睛的人，不能認識自己的本性、發展自己的才智、利用生活的經驗；他害怕任何違反他的觀點的眞理。

神父們千方百計力圖灌輸人民虔誠的心理；但是所有這些努力都妨礙人們眞正變成仁愛、聰明和善良的人。很明顯的，宗教給自己提出的目的就是要控制人的心靈和理智。

在神父和人類英傑之間一直進行著戰爭，產生這種戰爭的原因就在於：最聰明的思想家們懂得迷信歷來是如何束縛人類理性及阻礙它的發展，並且力圖把它保持在幼稚無知的狀態中。宗教用無稽之談培養人的理智，用恐懼壓迫它、用怪影威脅它，從而妨礙了它的發展。本身不能有所改善的神學，給增長眞正的知識造成了不可克服的障礙；它似乎採取了一切措施來控制各國人民和統治者，使他們根本不了解他們的眞正利益、相互關係、義務和爲善的實在動機；宗教扭曲了各種道德原則，破壞了它們的普遍有效性，並且使這些原則服從於上帝及神職人員的古怪觀念；宗教把治民之術變成使人類大受其害的神祕性的暴政；它使君主變成獨斷獨行、不講公道的專制者，而使各國人民變成偏邪不正，以便博取自己統治者的恩典的無知的奴隸。

一九九　歷史昭示我們，一切宗教的創立者都是利用人民的愚昧無知，悍然以神靈的使者自居

只要追溯一下人類精神發展的歷史，就不難理解，神學是這種發展的最大障礙。最初，神學用冒充神聖眞理的無稽之談教育人們；它促進了詩歌的繁榮，這些詩歌用天眞幼稚的幻想培植人們的想像力；它所敘述的只是神靈和它們的難以置信的勛績；概言之，宗教之對待人們始終像對待它用種種童話催其入睡的兒童一樣，這些童話至今還被宗教人士當作不可辯駁的眞理。

如果神職人員有時也能夠作出某種有益的發現，他們就會設法賦予這個發現一種撲朔迷離的和奧妙的性質，並且給它罩上一層神祕主義的面紗。爲了獲得任何一點知識，畢達哥拉斯和柏拉圖都被迫向祭司們搖尾乞憐，努力研究他們的祕密，接受種種考驗；他們用這種代價才只有買得一分權利，來說明自己激昂慷慨的觀點，這些觀點至今還是對所有那些只崇拜不可理解的事物的人的一種罪惡的引誘。古代哲學家們不得不引用埃及、印度和迦勒底(58)的祭司們的言論作爲自己的、科學的基礎；正是在這些熱衷於蒙蔽人類理性的夢想家和妄想家的學派中，開始產生了哲學最初的萌芽。以玄奧和虛妄的原則爲基礎，摻雜著各種無稽之談和妄想，專爲迷惑想像力而創造的這種古代哲學，在自己尋找眞理的過程中往往離開了正確的道路，連它的語言也很像牙牙兒語；由此可見，它並沒有啓迪人們，而是使他們離開了眞正有益和必需的對象。

古代人的神學理論和神祕主義幻想在今天還統治著大多數哲學家的頭腦。如果不入於異端邪說，就不可能拋棄這些理論和幻想，因爲它們得到現代神學的承認；所有這些神祕主義的妄想都講到精靈、天使、惡魔、保護神和其他的幽靈，這些幽靈煩擾著思想家們的頭

(58) 迦勒底，阿拉伯部族迦勒底人侵入巴比倫後，於西元前六二六年產生的新巴比倫王國，一直存在到西元前五三八年。爲波斯王居魯士所侵占。——俄譯本注

腦，並且成爲幾千年來最偉大的人類天才徒勞神思的空洞無用的科學——即形而上學的基礎。例如，孟菲斯[59]或巴比倫[60]的某些夢想家虛幻的主觀猜測，一直到今天還是人們所崇拜的那種科學的基礎，正是由於這種科學的不可理解性，他們才把它看成是神奇和神聖的東西。

各民族最初的立法者是祭司、最初的神話創造者和詩人是祭司、最初的學者是祭司、最初的醫生是祭司。在這些祭司的手上，科學對外行人說來變成了神聖不可觸摸的對象，連祭司本身也只是利用諷喻、象徵、謎語來作解釋，也只說過種種模棱兩可的預言。這一切都大大促進了好奇心的氾濫，使想像得到了廣泛活動的地盤，而特別是使驚慌失措的無知群眾誠惶誠恐的敬奉這些被尊爲天國使者的人士，據說神靈曾經親自賜給他們預見人類命運的能力。

二〇〇　一切宗教（古代的或現代的）都互相襲用抽象的幻影和荒謬的儀式

古代祭司們的宗教失去了，或者正確些說，改變了外部特徵。雖然我們現代的神學家們

---

[59] 古代埃及的首都，祭祀的中心。——俄譯本注

[60] 巴比倫王國的首都和巴比倫人的宗教中心，在這種宗教中，天體崇拜占有很大的地位。——俄譯本注

認爲古代祭司都是說謊者和騙子，但是整體而言今天已經不復存在的這些古代宗教那裡襲用了極多的東西；在現代各種宗教中，我們今天不但可以遇到被神學家們根據自己的體裁巧妙的加以改裝的種種古代形而上學教條，而且還會發現古代儀式和迷信、驅遣鬼神的妖術、各式各樣的魔法和巫術的明顯痕跡。基督教徒至今都必須恭敬的尊重猶太人的宗教古物，這些古物乃是顯然承襲了埃及人的奇怪觀念的那些立法者、神父和先知留給他們的。這樣說來，偶像崇拜時代的騙子或幻想家們虛構的謬論，竟成了現代基督教徒的神聖眞理！

即使只是粗略研究一下歷史，也可以看出所有宗教之間驚人的一致。我們看到，在所有地方各種宗教是如何輪流的時而帶給各國人民痛苦及安慰；我們看到，在一切時代，人的理智是如何被令人討厭的禮節和儀式、引起恐怖的神祕手續的思考所獨占。我們觀察到，以迷信和偏見爲基礎的宗教體系是如何互相因襲和模仿對方空洞的幻想和繁瑣的典禮。現代的宗教通常都是神學家們把各種片斷的古代神話任意拼湊起來的大雜燴，這些神學家利用自己先輩的著作，並且自認爲有權對這分遺產中有利於或不利於他們的眞正目的和現實利益的全部文字進行增補或刪節。埃及人的宗教顯然是摩西教理的基礎，但是從其中除去了對偶像的崇拜；由此可見，從埃及的宗教觀點看來，摩西實質上是一個異教徒。基督教是經過改革的猶太教。伊斯蘭教則是猶太教、基督教和阿拉伯人的古代宗教等的混合物。

二〇一　神學過去一直引誘哲學離開自己的正路

從遙遠的上古到今天，哲學的發展都是受神學指導的。神學曾經給予哲學什麼幫助呢？它使哲學的語言變成了莫名其妙的同行語，這種同行語能夠扭曲最明顯的眞理；它變成了一種用毫無意義的新語詞進行思考的藝術；它把人的理智帶進了遠離現實的形而上學的象牙塔，使人徒然用心於探究無益和危險的各種問題和祕密。這種哲學用超自然的原因，或者更正確的說，用隱祕的原因代替了現象簡單的、自然的原因；它用比現象本身更不可理解的原因來說明難於了解的現象；它一開口就是些沒有任何意義的話，這些話無法表明事物的本性，無助於說明這種本性，反而會使它更加模糊；好像故意要想出這些話以便挫折人的意志，迫使他懷疑自己的智力，使他不相信理性的基本規律，不相信顯而易見的事物；好像故意要編造這些話，以便在人和眞理之間設置一種不可克服的障礙。

二〇二　神學無法發現也說明不了世界上和自然中的任何事物

如果相信宗教衛士們，那麼沒有宗教就不可能說明世界上的任何事物；沒有宗教，自然界對我們仍然會是永恆之謎，而人也絕對不會認識自己。但是，宗教究竟會說明什麼問題呢？我們愈是仔細考察宗教，我們就愈相信神學的表象只能擾亂人的神智；神學把一切都變成祕密；它用不可能的事物向我們說明難以了解的事物。把無人知道的推動者、不可見的力量和非物質的原因妄加在各種現象上，這種做法是否可以稱作說明呢？在困難的狀態下，就使人求助於神靈深刻的最高智慧，而同時又要人相信這種最高智慧是凡人不能理解的，這種做法會使人的理智得到多少啓發呢？眾人都不能理解的神靈本性，是否能夠說明本來就很難了解的人性呢？

你試著去問一下信仰基督教的哲學家：世界是如何產生的呢？他就會回答「宇宙是上帝創造的」。何謂上帝？這個誰也不明白。何謂創造？這也是誰都不知道的。瘟疫、歉收、戰爭、旱災、洪水、地震的原因何在？是神靈的憤怒。有什麼方法可以應付這些災難？禱告、供獻祭品、舉行宗教遊行和宗教典禮，人們對我們說，這就是能夠解除上天憤怒的可靠手段。但是爲什麼上帝會發怒呢？因爲人們是有罪惡的。人們爲什麼會有罪惡呢？因爲他們的本性是腐化和不道德的。爲什麼人的本性是腐化的呢？歐洲的任何一個神學家都會毫不遲疑的回答，那是因爲受到第一個女人勾引的第一個男人吃了一只上帝禁止人去摸的蘋果。誰唆使這第一個女人做這樁蠢事呢？是魔鬼。那麼又是誰創造了魔鬼呢？正是這個上帝。爲什麼這個上帝創造了註定要勾引人類的魔鬼呢？對於這件事毫無所知；這是藏在神靈心裡的祕密。

地球果眞圍繞太陽旋轉嗎？兩百年以前，任何一個信神的物理學家都會說，如果不褻瀆神明就不可能這樣設想，這種假設與被基督教徒尊爲上帝親自的啓示的聖經是不一致的。我們今天又怎樣看待這個問題呢？信仰基督教的哲學家們終於不顧神靈的啓示而得出這樣的結論：應當相信顯而易見的事情，不應當相信聖經。

什麼東西使人體活動，什麼東西迫使人體運動呢？是靈魂。靈魂是什麼呢？是精神。精神是什麼呢？是一種沒有形狀、沒有顏色、沒有廣延性、沒有各個組成部分的實體。

怎麼可能設想這樣的實體呢？這種實體怎麼可能使身體運動呢？這個道理誰也不知道；這是祕密。動物是否有靈魂呢？笛卡兒主義者肯定的說，動物是沒有靈魂的機器。但是，難道我們在動物界就看不見和人類似的能力、很相像的運動、感覺、思想的表現嗎？這是十足的幻想。如果你們根本不知道靈魂是什麼，你們就沒有任何理由把靈魂妄加在人身上，既然如此，你們又有什麼權利剝奪動物的靈魂呢？問題的關鍵自然是在於：承認動物有靈魂，就會造成神學家多餘的麻煩，因爲這些神學家熱衷於用上天懲罰不死的靈魂來威脅人們，而用這種辦法威脅動物就不會得到任何好處。過去一貫受神學控制的哲學，就用這麼一些天眞幼稚的答案抹殺了擺在人類理性面前，生理和精神上的一切問題。

二〇三　神學扭曲人類的道德觀念和阻礙理性和眞理的發展

古今思想家曾經使用了多少遁詞和詭辯才沒有與歷來就是人類理性名副其實的暴君的神

職人員發生衝突啊！笛卡兒[61]派的人、馬勒伯朗士[62]派的人、萊布尼茨[63]派的人和其他許多人士曾經想出多少假設和策略才得以使自己的發現與宗教神聖的狂想和幻覺勉強調和啊！每當這些大哲學家的原理違反了神學準則時，他們曾經採取多少預防措施，有時竟不惜胡說八

---

[61] 勒奈·笛卡兒（René Descartes，一五九六—一六五〇），法國哲學家、物理學家和數學家。作爲二元論者，他承認物質和精神兩個始基，他也是包括上帝觀念在內的天賦觀念理論的擁護者。同時，他在反對中世紀教會經院哲學觀點的爭論中起了重大的作用，他論證了只應憑藉理性和「懷疑」而不是憑藉盲目信仰來認識世界和判明眞理的見解。在物理學領域，笛卡兒站在唯物主義立場上，他賦予物質獨立的創造力。他力求完整、科學的理解自然，提出了一系列對自己時代說來是先進的理論，比如「漩渦理論」。按照這一理論，從原始混沌中形成諸世界的基礎是物質的機械過程、漩渦式運動。霍爾巴赫提到笛卡兒時指的正是他與宗教關於創世紀觀念尖銳對立的這一理論。——俄譯本注

[62] 尼古拉·馬勒伯朗士（Nicolas Malebranche，一六三八—一七一五），法國唯心主義哲學家、宗教捍衛者、唯物主義和無神論的敵人，用神祕主義精神改造笛卡兒學說的反動哲學派別「偶因論」的代表。他的主要著作是《眞理的探索》（一六七四—一六七五）。——俄譯本注

[63] 哥特弗利德·威廉·萊布尼茨（Gottfried Wilhelm Leibniz，一六四六—一七一六），德國唯心主義哲學家和數學家，發展了「先定和諧」的宗教唯心主義原則。在萊布尼茨哲學中包含著唯心辯證法因素。發現微積分的功績屬於他和牛頓。——俄譯本注

道、前後矛盾和故弄玄虛啊！警惕性高的僧侶階級總是急於扼殺一切不符合他們的利益的哲學體系。神學歷來就是一張普羅克魯斯特的床，[64]這位巨人企圖把任何一個異鄉人都放在這張床上；他切掉了他們過長的四肢，又，如果倒楣的過路人的手腳比這個凶手打算把他塞在裡面的那張床短，就用馬把過路人的手腳拉長。

哪一個思想健全，對科學忠心耿耿並且眞正關心人類繁榮的人，在想到許多思想豐富、熱愛勞動和大公無私的思想家們，世世代代把自己的精力花費在無益於人類，有時還危害人類的各種幻象上，因而浪費了多少珍貴的勞動和時間的時候，能不痛心疾首嗎？如果所有這些光榮的思想家不去研究毫無價值的神學問題，不去進行下流無恥的爭論，而是獻身於分析人們眞正可以理解並且的確需要的各種對象，他們會使人們得到何等豐富的知識啊！即使只用有天才的人們在宗教觀點上所花費的一半力量、只用各國人民在無聊的宗教崇拜上所消耗的一半資財，也可以綽有餘裕的向人類說明一切道德、政治、物理、醫學、農學等問題。迷信幾乎總是吞沒了各國人民的注意、精神力量和物質財富；宗教使他們付出極其昂貴的代

---

[64] 古希臘神話中強盜普羅克魯斯特的一張床，他把自己的犧牲者放在這張床上；但是爲了使這些犧牲者恰好適合床，他就砍掉或者拉長他們的兩隻腳。通常把強迫使什麼東西就範的削足適履的辦法叫做「普羅克魯斯特床」。——俄譯本注

價；但是他們花費自己的錢財卻得不到任何教育、美德和幸福。

二〇四　神學扭曲人類的道德觀念和阻礙理性和眞理的發展（續）

某些古代和現代的哲學家都有足夠的勇氣在自己的著作中只以經驗和理性爲指導，而擺脫迷信的枷鎖。留基伯[65]、德謨克利特[66]、伊比鳩魯、斯特拉陀[67]以及其他某些希臘思想

---

[65] 留基伯（Leucippus，西元前五世紀），古希臘唯心主義哲學家、原子論的奠基人。德謨克利特進一步發展了這種原子論。——俄譯本注

[66] 德謨克利特（Democritus，西元前四六〇—前三七〇年），古希臘唯物主義哲學家、古代哲學中唯物主義最光輝的（按照列寧的定義）表達者，是留基伯的學生。按照德謨克利特的學說，不可分的物質的原子和虛空是事物的基礎；物體透過形狀上和數量上各種不同的原子結合而成；靈魂也是物質的，它由特殊的原子組成，並隨著它們的崩潰而消滅。德謨克利特教導說，存在著不是任何人創造的和由於空間中有無限多的原子的漩渦式運動的結果而形成的無數世界。德謨克利特的觀點對於無神論思想的發展具有巨大的意義。——俄譯本注

[67] 斯特拉陀（死於西元前約二七〇年），古希臘哲學家、唯物主義的捍衛者，古代無神論的光輝代表。斯特拉陀力圖不求助於對超自然東西的信仰來說明自然，他教導說，「一切現存的和正在實現的東西過去和現在都是由於自然的重力和運動而成的」。他否定了靈魂不死。——俄譯本注

家，敢於衝破偏見的銅牆鐵壁，使哲學從神學的束縛解放；但是，他們的哲學體系畢竟是太樸質、太合理了；這些體系沒有喜歡幽靈的想像所熱烈追求的那種神祕性，因此它們不得不在柏拉圖、蘇格拉底(68)或者芝諾(69)那些娓娓動聽的臆說面前退卻下來。在現代哲學家中，霍布斯、史賓諾莎(70)、培爾等人是踏著伊比鳩魯的步伐走的，但是他們的體系在世界上並未能替自己爭取到許多信從，因爲這個世界過於沉醉在虛幻離奇的無稽之談中，它不會注意到理性的呼聲。

---

(68) 蘇格拉底（Socrates，西元前四六九—前三九九年），古希臘唯心主義哲學家，否定了認識自然的可能性，在其脫離生活的宗教道德學說中要求人透過認識自我和懷疑實現美德。——俄譯本注

(69) 芝諾（Zeno，西元前約四九〇—前四三〇年），古希臘唯心主義哲學學派埃利亞派的代表。——俄譯本注

(70) 貝奈狄克特．史賓諾莎（Benedictus de Spinoza，一六三二—一六七七），荷蘭唯物主義哲學家和無神論者、自由科學和啓蒙思想的捍衛者。史賓諾莎在否定上帝是創造者時教導說，自然（他稱之爲上帝）是自身原因，是擁有廣延和思維的唯一實體。史賓諾莎的整個形而上學的哲學中包含了唯物辯證法的因素。史賓諾莎反對宗教，捍衛信仰自由，他是聖經批判的傑出代表之一。由於無神論，他於一六五六年被開除猶太教籍，並被驅逐出猶太教社團。他的主要著作：《理性改進論》《神學政治論》（一六七〇）、《倫理學》（一六六二—一六七五）。史賓諾莎的哲學對馬克思主義以前唯物主義和無神論的反戰，對十八世紀法國唯物主義者和無神論者，都有巨大的積極影響。——俄譯本注

如果不顧一切去做全天下人都認爲不對的事，那麼就不可能擺脫向來被視爲神物的各種偏見。任何發現都曾受到禁止；最有學問的人們能夠做的，頂多是說些拐彎抹角的話，有時由於可恥的怯懦，除了眞理以外還容許和支持謊言。許多思想家都宣傳了所謂兩重眞理說，一種是公開的，另一種是祕密的；但是既然已經失掉了通到後一種的線索，那麼他們的眞實觀點我們便無從了解，因此也就無所補益。

既然現代哲學家們受到最殘酷的迫害的威脅，不得不背棄理性和服從信仰，即服從僧侶的權威，那麼我要再說一遍，這些哲學家、這些受到這種壓迫的人們能不能讓自己的天才得到自由的發展，讓理性得到改善，讓人的意識得到進步呢？人類最偉大的頭腦只要窺見一點眞理，這眞理同時就會使他們膽戰心驚，只有在極少有的情況下，這些偉大的人才敢宣布他們所認識的眞理；而凡是有膽量這樣做的人，通常都因爲自己這種粗魯的行爲受到了懲罰。多虧宗教，人們才絕對不可能大聲的說明自己的思想，也不可能與蒙蔽和禁錮人的理性的迷信進行交戰。

二〇五　必須不斷證明和說明，宗教是極其荒謬和非常有害的

凡是有膽量向人們宣布眞理的人都深信，這會受到神職人員的敵視，他們會毫不遲疑的緊急動員及呼籲世俗權力幫助自己，因爲要保衛自己的教理和神靈，他們當然必須得到君主

的支持。但是僧侶階級的努力十分明顯地暴露出自己的弱點：要求幫助的人，處境不妙。

在宗教問題上任何迷誤和動搖都是不能容許的；其他任何方面的錯誤都可能免於懲罰；人們會寬恕犯錯誤的人，對於發現新眞理的人，人們甚至會承認他有一定的功績；但是一旦這些謬誤或發現觸犯到宗教的利益，神職人員們就會義憤塡膺，君主們就會開始迫害和動刑，社會安寧就會受到破壞，人心就會動盪不安，人民就會騷動起來，連他們自己也不知道這是什麼緣故。

如果社會和個人的幸福被毫無意義的學問所控制，這種學問沒有任何鄭重的原則，反而以不良的想像爲依據，除了說一些沒有意義的話以外，不會提供任何精神食糧，那麼，還有什麼狀況比這更可悲呢？誰也不能理解的宗教，只會使由於頭腦簡單才衷心獻身宗教的人造成痛苦；宗教絲毫不會改善人們現在的生活，有時甚至驅使他們爲不公正的現象和暴行服務，這種宗教能夠有什麼所謂的利益呢？宗教不僅不會帶給人類任何福利，而且會迷惑人們的理智，破壞他們精神上的平衡，使他們變成毫無價值的人，因爲宗教隱瞞著唯一能夠寬慰凡人的命運的眞理。比這種宗教更令人失望的、理所當然地需要對之進行最堅決的爭鬥的荒唐事物是否能夠設想呢？

二〇六 宗教是一只潘朵拉的盒子[71]，而這只不祥的箱子打開了

自古以來宗教的唯一作用就在於：它束縛了人的理性，使它無法完整認識一切正確的社會關係、眞正的義務和實在的利益。只有驅散宗教的煙霧和怪影，我們才會發現眞理、理性和道德的泉源和應當促使我們爲善的實際動機。無論在我們受苦的原因上或是遭到災難時能夠給予我們幫助的那些有效辦法上，宗教都欺騙我們；宗教不僅不能治好我們的病，反而只會使病情惡化、病症增多。我們要繼一位著名的當代人士（即波林格勃羅克勛爵，[72]見他的遺著）之後重複說：「神學是一只潘朵拉的盒子；如果不可能把它鎖起來，也必須要發出警告，這只不祥的箱子打開了。」

---

[71] 潘朵拉的盒子，按照古希臘的神話，宙斯給處女潘朵拉一個其中裝有人類種種災難的器皿。潘朵拉打開這個器皿，災難都飛散到凡間，於是凡間充滿了惡。「潘朵拉的盒子」一語用作譬喻。霍爾巴赫認爲宗教是萬惡之源，所以他繼波林格勃羅克之後把宗教比之爲潘朵拉的盒子。——俄譯本注

[72] 波林格勃羅克，亨利·聖·約翰（Henry St. John Bolingbroke，一六七八—一七五一），英國政治活動家和作家，《歷史研究通信》的作者，自然神論者，貴族和保守派分子；認爲自由思想是上流社會的特權，對人民則應當保存宗教。——俄譯本注

附錄　俄譯本——關於本書歷史命運的介紹

《健全的思想》是霍爾巴赫最後一本無神論小冊子，在他的基本著作《自然的體系》之後兩年問世。在《健全的思想》中鮮明的表現了「十八世紀老無神論者們所寫的那些鋒利、生動、有才華的政論，機智的公開打擊當時盛行的僧侶主義」（列寧語）。霍爾巴赫的無神論在這裡是以最精煉完好的形式出現的。《健全的思想》常常重複《致歐仁妮的信》的論據，非常尖刻的揭露宗教和教會跟暴政的聯想，包含著對無神論的、哲學的、唯物主義的論證，對一切種類的宗教的不可調和的批判。無怪乎狄德羅關於霍爾巴赫寫道：「我更喜歡鮮明、自由的哲學，就像比如《自然的體系》中，而尤其像《健全的思想》中所敘述的那樣……《自然的體系》的作者不是在這頁是無神論者，而在另一頁是自然神論者：他的哲學是用一整塊東西製成的。」（《狄德羅全集》第二卷，第一四五頁，一九三五年俄文版，莫斯科）《健全的思想》第一次出現於一七七二年，同時出了幾版，並且其中的一個版本指出，它是《自然的體系》的作者寫的。在扉頁上刊載著從西元一世紀羅馬作家彼特羅尼的《薩蒂利孔》引證的題詞：「他揭穿，祭司們用多麼瘋狂的陰險手段大膽的洩露他們自己所不理解的祕密」（實際上，正如後來的研究表明，這句話是十七世紀放進《薩蒂利孔》中去的）。

《健全的思想》在一七七三、一七七四、一七八二、一七八四、一七八六、一七九一、一七九二、一八〇二、一八三〇、一八三一、一八三三、一八三四（兩次）、一八六五、一九〇五、一九三〇各年再版，並且在某些版本中（從十八世紀九〇年代開始）標題是《梅葉神父的健全的思想》（*Le bon sens du curé Meslier*）。這個情況產生一種觀點，似乎《健全的思想》是從十八世紀第一個四分之一時期法國空想共產主義者和無神論者——讓・梅葉的《遺書》中摘錄的。這個觀點沒有任何嚴謹的根據，雖然霍爾巴赫無疑是熟悉《遺書》手稿抄本的，並且受到了這部著作的影響。《健全的思想》任何地方都沒有重複《遺書》，它應當是霍爾巴赫獨創的著作。像霍爾巴赫所有其他無神論小冊子一樣，《健全的思想》很不受世俗反動派和教會反動派的歡迎，他們被這本著作的直率和尖刻以及它容易爲廣大讀者群眾理解所嚇壞。根據一七七四年一月十日巴黎最高法院的命令，《健全的思想》與愛爾維修的著作《論人》一起被焚毀（參見弗・羅凱《十八世紀法國社會思潮（一七一五—一七八九）》，第五六六頁，聖彼德堡，一九〇二年俄文版）。在十九世紀，根據各級法院的判決，《健全的思想》「因侮辱社會道德和宗教道德」四次被毀：即一八二四、一八三五、一八三七和一八三八年（參見F. Drujon, *Catalogue des ouvrages, écrits et dessins poursyivis, supprimés ou condamnés...*, Paris, 1879, p. 57）。早在一七七五年，《健全的思想》就被教皇命令禁止天主教徒閱讀，並被收入《禁書目錄》（*Index librorum Prohibitorum*, Roma, 1948, p. 438），至今仍然與霍爾巴赫其他著作一起列名其中。《健全的思想》出版了英文本（一八三三、一八五九、一八七八、一八九〇、一九一〇年）和德文本（一八五七、一八五九、一八七八、一八八〇年），也有義大利文和西班牙文譯本。俄譯本有：縮編本，題爲《宗教和健全的思想》，「無神論者」出版社，莫斯科，一九二三年；全譯本，⑴「唯物主義者出版社」，莫斯科，一九二四；⑵國立反宗教出版社，莫斯科，一九三四年（載保．霍爾巴赫《反宗教選集》，第一卷）；⑶軍事出版社，一九四一年。這裡刊登的譯文是根據第一版（一七七二年）翻譯的，所有各節都加了標題*不過除了第一節和第九十八節外，標題都不屬於霍爾巴赫，而是第一次在一八三〇年法文版中出現的。這些標題有助於理解本書，有助於書中的定位。

* 爲便於檢閱，中譯本把所有各節標題都列入了「目錄」。——譯者注

霍爾巴赫年表

Paul-Henri Thiry, baron d'Holbach, 1723-1789

年代	生平紀事
一七二三	十二月八日生於德國普法爾茨地區埃德森姆城。
一七三八	跟隨舅父移居法國巴黎。
一七四四	進入荷蘭萊頓大學就讀，學習法律和自然科學。
一七四九	·回到法國巴黎，並取得法國國籍。 ·成為巴黎議會的律師。 ·參與狄德羅等人籌備的《百科全書》編撰工作。 ·將盧克萊修的《物性論》翻譯成法文。
一七五三	繼承舅父的遺產和男爵封號，被封為保爾·昂利·德·霍爾巴赫男爵。
一七六一	匿名出版《揭穿了的基督教》、《袖珍神學》。
一七六八	出版《神聖的瘟疫》。
一七七〇	·出版《自然的體系》，此書被稱為「唯物主義的聖經」。 ·因其犀利的批判天主教會，具有反封建、反教會性質，巴黎法院判決公開銷毀《揭穿了的基督教》，同年八月判決公開銷毀《自然的體系》，十一月羅馬教皇宣布《自然的體系》為禁書。
一七七二	匿名出版《健全的思想》。

一七七三	出版《自然的政治》、《社會的體系》。
一七七六	出版《道德政治》、《普通道德學》。
一七八九	一月二十一日逝世於法國巴黎。

索引

三畫

四畫

五畫

六畫

七畫

八畫

九畫

十畫

十一畫

十二畫

十三畫

十四畫

經典名著文庫102

健全的思想

作　　者 —— 霍爾巴赫（Paul-Henri Thiry, baron d'Holbach）
譯　　者 —— 王蔭庭
發 行 人 —— 楊榮川
總 經 理 —— 楊士清
總 編 輯 —— 楊秀麗
文庫策劃 —— 楊榮川
副總編輯 —— 黃文瓊
責任編輯 —— 吳雨潔
特約編輯 —— 張碧娟
封面設計 —— 姚孝慈
著者繪像 —— 莊河源
出 版 者 —— 五南圖書出版股份有限公司
地　　址 —— 台北市大安區106和平東路二段339號4樓
電　　話 —— 02-27055066（代表號）
傳　　眞 —— 02-27066100
劃撥帳號 —— 01068953
戶　　名 —— 五南圖書出版股份有限公司
網　　址 —— http://www.wunan.com.tw
電子郵件 —— wunan@wunan.com.tw
法律顧問 —— 林勝安律師事務所　林勝安律師
出版日期 —— 2019年10月初版一刷
定　　價 —— 400元

國家圖書館出版品預行編目資料

健全的思想 / 霍爾巴赫 (Paul-Henri Thiry, baron d'Holbach)
著 ; 王蔭庭譯 . -- 初版 -- 臺北市 : 五南．2019.10
面 ; 公分 . -- (經典名著文庫　102)
譯自 : Le bon-sens; ou, Idées naturelles opposées aux idées surnaturelles
ISBN 978-957-763-639-3(平裝)

1. 哲學　2. 文集

107　　108014686